名教師、長岡文雄の教育実践に学ぶ
学級づくりと子ども理解

長瀬拓也 著

黎明書房

学級づくりと子ども理解

はじめに

凡庸な教師はただしゃべる。
よい教師は説明する。
すぐれた教師は自らやって見せる。
そして、
偉大な教師は心に火をつける

これは、アメリカの教育者・宗教家であるウィリアム・アーサー・ウォード（William Arthur Ward）が残したと言われる有名な一節です。（西澤、一九九六）

「子どもの心に火をつける」


四月になり、新しい学級の担任になると必ず浮かぶ、一年の目標となる言葉です。

私は、大学を出て教師となり二十年以上、小学校、中学校の学級担任として働いています。

多くの仲間が管理職や大学教員への転出をする中で、学級担任の仕事を続けられたことはとても幸運であり、感謝しなければいけないと思っています。

そうした中で、学級担任として一番大切なことは何かと考えるようになりました。
・ルールの徹底
・当番や係活動の充実
・居心地の良い学級環境
・保護者との信頼関係
こうしたことは、どれも大切です。

しかし、まず一番大切なこと。それは、**「子どもの心に火をつけるために、教師が子どもたちを理解しようとすること」**だと考えるようになりました。

どんなに優れたメソッドを使っても、しっくりこなかったり、上手くいかなかったりしたのは、子どもを理解しようとしない、理解することができない時だったと振り返ることができます。

今の学級担任は、ただ怖いだけ、厳しいだけでは通用しません。

まして、優しいだけ、甘いだけでも上手くいきません。

合意・調整・対話

この辺りを軸にした学級づくりをしていかないと今の子どもたちへのアプローチは難しく、昭和の時代のように一つの目標に当てはめていくワンゴールの世界ではないため、多様で揃わないことを前提に子どもたちを柔らかく包んでいくイメージが必要です。

そのことを教えてくれたのは、育ててくれた同僚や管理職であり、クラスの子どもたちであり、そして、私が大学生の頃に出会い、大きな影響を受けた実践家、長岡文雄でした。

長岡は、戦前から福岡県で小学校の教師になり、長年、奈良女子大学附属小学校で担任を務めました。担任教師としてのキャリアはおよそ四十年。当時は師範学校出身のため、十九歳で教師になり六十歳近くまで担任を続けます。書家でありつつ、合科・総合的な学習に取り組む長岡の実践は、有田和正をはじめ、多くの教師に影響を与えました。昭和の時代に、一つの目標に向けて走っていく指導方法ではなく、多様で揃わないことを前提に、むしろ、そうした子どもたちの姿や思いを大切にした実践は、令和時代に生きるわたしたちに大きな影響を与えてくれます。

そんな長岡の実践や考えを知る方は今では少なく、若い先生はほとんど知りません。

しかし、「〇〇さん」「〇〇くん」と一人ひとりの名前を思い浮かべ、一人ひとりの子どもの学びを大切にしてきた長岡の思いや実践を知ることは、これからの教育を考える上でとても重要な意味を持ちます。何より、長岡文雄は「子どもの心に火をつける」教師でした。

本書は、長岡文雄という戦後の教育史に名を残した教師の思いや実践を通して、授業づくりや学級づくりにおける「子どもを探究する（さぐる）」ことの意義、そして、子どもを理解し、学級をつくることの面白さを共に共有できればと思っています。ちなみに、「子ども探究」は、長岡の書籍（『子どもの力を育てる筋道』黎明書房）に出てきた言葉です。そして、長岡は、子ども探究のための教師の行為を「さぐる・とらえる」という言葉でよく表しました。

はじめに

長岡は、その行為を医者の仕事に例えています。子どもをさぐろうとしない、見て学ばないということは、患者を見ないで薬をあげている医者のようなものだと。

一方で、「子どもを知る」という行為は、自明のこと、つまり、当たり前のこととととらえられ、意外にも大切にされていないように感じています。そうなると、患者を見ない医者のように、子どもを見ない教師が学校現場で増えていきます。それは、子どもたちにとって不幸です。

また、「子ども（の心）をさぐる」ことは、先生が子どもたちの笑顔やよさに出会える瞬間でもあると考えています。現在、学校の先生をめざす方が減っています。国や教育委員会はさまざまな策を講じていますが、根本の教職の仕事の醍醐味は何かをもう一度考え直す必要があります。

それは何かといえば、私は、やはり、「子どもをさぐり、子どものよさに出会うこと」だと考えています。

長岡文雄のことを初めて知る方も読みやすいように、彼が生きてきた時代背景や教え子の方の証言などさまざまな角度から書くように心がけました。ぜひ、多くの方と一緒に、「子どもをさぐる」ことの大切さ、クラスづくりや授業づくりの楽しさや奥深さを共に学んでいけたらと考えています。

二〇二四年十二月

長瀬拓也

長岡文雄について

長岡文雄は、小学校の担任を四十年近く務め、社会科や総合的な学習の時間に関する様々な実践を残しました。長く小学校社会科の教科書の執筆も務め、公開研究で大変多くの参観者が見にきました。書家としても優れ、戦後の書道教育の復興や「書き方」の教科書の執筆も行いました。

長岡は、一九一七年（大正六年）福岡県に生まれました。小学校三年生の時に担任だった松延信蔵先生との出会いによって、教師を目指すきっかけになったとのちに述べています。ちなみにその松延先生の長男が作家の五木寛之氏です。一九三七年（昭和十二年）小倉師範学校を卒業後、十九歳で福岡県公立小学校訓導（現在の教諭に近い役職）となります。その後、小倉師範学校附属小学校訓導になりました。

そして、一九四三年（昭和十八年）に奈良女子高等師範学校（現在奈良女子大学）訓導になります。戦後まもなく、長岡は、実践を『自治会の指導』に著します。そのことがＧＨＱの部局であるＣＩＥ（民間情報教育局）に注目されます。ＣＩＥの支援のもと、新教育を引率した実演授業として、同志社大学や滋賀県などで子どもたちを連れて公開授業もしました。それから副校長になるまで、奈良女子大学附属小学校では担任を務め、多くの実践を残しました。

長岡は、子ども「たち」とまとめて呼ぶのではなく、この子、この子と一人ひとりとつながり、それぞれにあった学習法を考えたその取り組みは、「長岡実践」と呼ばれました。有田和正をはじめ、戦後、多くの教員に影響を与え、また、今でも多くの教え子から慕われています。

子ども理解に基づく多くの実践を残す。

福岡生まれの九州男児。20代は福岡の小学校に勤務。

25歳で奈良女子大学附属小学校（当時は高等師範学校）に。

書道に熱心に取り組み，戦前，取得が難しかった書道の教員免許も持つ。

終戦後すぐに，実践がGHQにも注目され，実演授業を行う。

学級経営についての著作もあり，教え子曰く「居心地の良い教室」だった。

戦後，授業実践が多くの教員に影響を与える。社会科実践で著名な有田和正はその一人。

写真１　３０代頃の長岡文雄（長岡二朗氏提供）

主な経歴

一九一七年（大正六年）　福岡県に生まれる
一九三七年（昭和十二年）　小倉師範学校卒業、福岡県公立小学校訓導
一九三九年（昭和十四年）　小倉師範学校附属小学校訓導
一九四三年（昭和十八年）　奈良女子高等師範学校附属国民学校訓導
　戦後は、奈良女子大学文学部附属小学校教諭を務める
一九七八年（昭和五十三年）　奈良女子大学文学部附属小学校副校長
一九八〇年（昭和五十五年）　兵庫教育大学附属小学校副校長、その後、兵庫教育大学教授
一九八三年（昭和五十八年）　佛教大学教授
一九九一年（平成三年）　叙勲
二〇一〇年（平成二十二年）　逝去

（参考　長岡文雄『私の歩む道』伸光印刷より）

長岡の書籍など詳細は『長岡文雄と授業づくり―子どもから学び続けるために―』長瀬拓也（黎明書房）をぜひご覧下さい。

写真２　30代頃の長岡文雄（長岡二朗氏提供）

長岡文雄の実践とインタビューに答えてくださった教え子の皆さんの位置付け

長岡文雄の実践の単元記録については、長岡文雄を研究する漆畑俊晴さんの成果により、とても明確になってきています。本書は、その研究をもとに、長岡の実践とその時の児童にどなたがいらっしゃったかを位置付けながら教え子の皆さんにインタビューを行いました。この位置付けを見て頂いておくと、どの年代の頃の長岡の実践を受けたかが明確になり、一章からの話もより分かりやすくなると考えています。

また、この表に書かれている方以外でもインタビューやたくさんの資料提供をして頂きました。紙面の関係上掲載できないところがあり、また次作や論文などで紹介していきたいと考えています。関係者の皆様、ご協力、ありがとうございました。

年度	和暦	長岡文雄の年齢	勤務校	担当学年	実際にお話を聞いた教え子の方	詳細な授業記録が残っている実践
1937	昭和12年	19歳	飯干小学校	6年生		
1938	昭和13年	20歳		6年生		
1939	昭和14年	21歳	小倉師範学校附属小学校	高等科女子複式や初等科5年男組を担任したという記述がある。		
1940	昭和15年	22歳				
1941	昭和16年	23歳				
1942	昭和17年	24歳				
1943	昭和18年	25歳	奈良女子高等師範学校附属国民学校	専科2年		
1944	昭和19年	26歳		4年女子		
1945	昭和20年	27歳		5年女子		
1946	昭和21年	28歳		6年女子		
1947	昭和22年	29歳	奈良女子高等師範学校附属小学校	1年月組		「とけい」
1948	昭和23年	30歳		2年月組		
1949	昭和24年	31歳	奈良女子大学・奈良女子高等師範学校附属小学校	3年月組		
1950	昭和25年	32歳		4年月組		「町や村の発達（堺の町）」
1951	昭和26年	33歳		5年月組		「石炭の採掘」
1952	昭和27年	34歳	奈良女子大学文学部附属小学校	6年月組		
1953	昭和28年	35歳		3年星組		
1954	昭和29年	36歳		4年星組		
1955	昭和30年	37歳		1年月組		
1956	昭和31年	38歳		2年月組		
1957	昭和32年	39歳		3年月組		
1958	昭和33年	40歳		4年星組	松森さん 坂本さん	
1959	昭和34年	41歳		5年星組		
1960	昭和35年	42歳		6年星組		「世界の国々」
1961	昭和36年	43歳		1年星組	太田さん 谷口さん	「おかあさんのしごと」
1962	昭和37年	44歳		2年星組		「ポストとゆうびんやさん」
1963	昭和38年	45歳		3年星組		「ごみや便のしまつ」
1964	昭和39年	46歳		4年月組		「高知の二期作」
1965	昭和40年	47歳		5年月組		
1966	昭和41年	48歳		6年月組		「寄合」「明治の世の中」
1967	昭和42年	49歳		1年月組	武田さん	「給食室」「おかあさんのしごと」
1968	昭和43年	50歳		2年月組		「やおや」「パン工場」
1969	昭和44年	51歳		3年月組		「むかし」「近鉄地下乗り入れ工事」
1970	昭和45年	52歳		4年星組		「二期作」
1971	昭和46年	53歳		5年星組		「日本の農業の動き」「日本の工業（くつした工場）」
1972	昭和47年	54歳		6年星組		「なんばん人渡来」
1973	昭和48年	55歳		1年星組		「校庭めぐり」「おかあさんのしごと」など
1974	昭和49年	56歳		2年星組		「パン工場」「バスの料金箱」「ゆうびんのしごと」
1975	昭和50年	57歳		3年星組		「町」「ゴミの正体」
1976	昭和51年	58歳		4年星組		「冷害地と米」
1977	昭和52年	59歳		5年星組		「台所と農業」「工業見学（東口電機）」「鉄」など
1978	昭和53年	60歳		副校長		

表１　長岡の実践記録と教え子の方の位置付け

漆畑俊晴（2015）『子どもからの学びによる教師の実践的知識の形成過程―長岡文雄の授業実践記録の分析を通して―』（東北大学大学院教育学研究科修士論文）の「判明している長岡の単元記録」，長岡文雄『私の歩む道』，奈良女子附属小学校学校要覧（令和５年度）を参考にした。

目次

第三章　「この子」と共に学級をつくる……62

学級づくりと子ども理解

第一章　教師の仕事で一番大切なこと

子どもを理解しようとすること

学級や授業をつくる上で、一番大切にしたいことは何か。

それは、

子どもが何を考えているかさぐること

であると考えています。

私たち教師の仕事は、「人」を育てることです。

知識を授けるだけであれば、ＡＩでも可能になります。学級をつくること、授業をつくることは、何よりも人を育てるためです。

しかし、学級や授業をつくることが目的化しているようにも感じています。子どもを育てるためというよりは、計画通りに授業をすることが目的となっていることも少なくありません。

もちろん、教師がその子全てを育てるわけではありません。子どもたちは、保護者や家族や仲間や地域の人たちなど、多くの方によって育てられています。

そして、教師が関わるのは、短くて一年間、長くても数年間です。教師は、育っていく子どもの通過点。その通過点の中で、子どもたちが伸びていくことにどう貢献できるかが問われています。

そうした通過点の中で子どもを育てるためには、対象者である子どもたちをいかに理解するかにかかっています。

そして、そのことを気づかせてくれたのは、私が出会ってきた教室の子どもたちであり、同僚や先輩教師の姿であり、学生時代に出会った長岡文雄の実践でした。

長岡文雄は、松森重博さんの小学校四、五、六年生の学級担任でした。松森さんが多感でいろいろなことがあった時に、「君は世界でひとりの松森君です。君には考え深いえらい人になってもらわないといけない」と長岡から励ましの手紙をもらい、精神的な支柱になったと教えて下さいました。その時のクラスは落ち着かないことがあり、片方の耳が悪い長岡はよく耳を押さえて嘆いていたこともあったそうです。そうした中でも、

「長岡先生は、子どもだからと言って、下に見なかった。子どもも大人も同じ問題の解決方法を求めた」

と、松森さんはおっしゃいます。

長岡は、「子どもだから」と上から目線で見るのではなく、その子の気持ちを大切に、相手を尊重しながら関わることで、大人になってもつながる問題解決の方法を身につけることを大切にしていました。

長岡も次のように述べています。

「子どもを知ると便利だから」という程度の構えでは、重荷になってくる。そして、いざというときには、子どもを捨ててしまいやすい。「子どもを知らずには、子どもの育てようがない」という姿勢に徹したとき、教師の眼は、教育の眼となるのである。

そして、とくに自覚したいことは、子どもをとらえるという営みが、そのまま、「教師が人間として子どもに学ぶことだ」ということである。

（長岡文雄『子どもをとらえる構え』黎明書房、一〇三頁）

育てる対象である相手をまずは理解すること。

そのためには、教師の仕事への構えとして、子どもを理解しようとする姿勢が欠かせません。

写真 1-1

松森さんのお店のために長岡が書いた看板（著者撮影）

写真 1-2　松森重博さん

奈良女子大学文学部附属小学校，中学，高等学校を経て，早稲田大学に進学。その後，家業を継ぎ，現在，株式会社まつもりの代表取締役として，奈良市のまちづくりにも関わっている。（著者撮影）

授業は子どもをさぐる場

長岡文雄は、

「授業は子どもをさぐる場」

だと宣言します。

一般に、「授業は子どもを教える場だ」と考えられている。しかし、わたくしは、あえて、「授業は子どもをさぐる場だ」と自分に言い聞かせている。そのほうが、実践しやすいし、子どもが育つように思うからである。

（長岡文雄『子どもをとらえる構え』黎明書房、七頁）

私たちは、子どもたちのためを思い、教材研究や授業づくりに取り組みます。そこには、子どもたちに教えたい、学んでほしいという教師の願いが込められています。

しかし、その前に、「まず子どもたちを見てみようよ」と、待ったをかけたのが長岡でした。長岡の『子どもをとらえる構え』が発刊された一九七五年といえば、高度経済成長が終わり、日本が安定の時期に入っていく頃です。受験競争も今より厳しく、現在とは社会の様子は大きく異なり、覚えること、教えることが中心と言える時代でした。
　そうした時代に長岡は、「授業は子どもをさぐる場」であることを明言します。

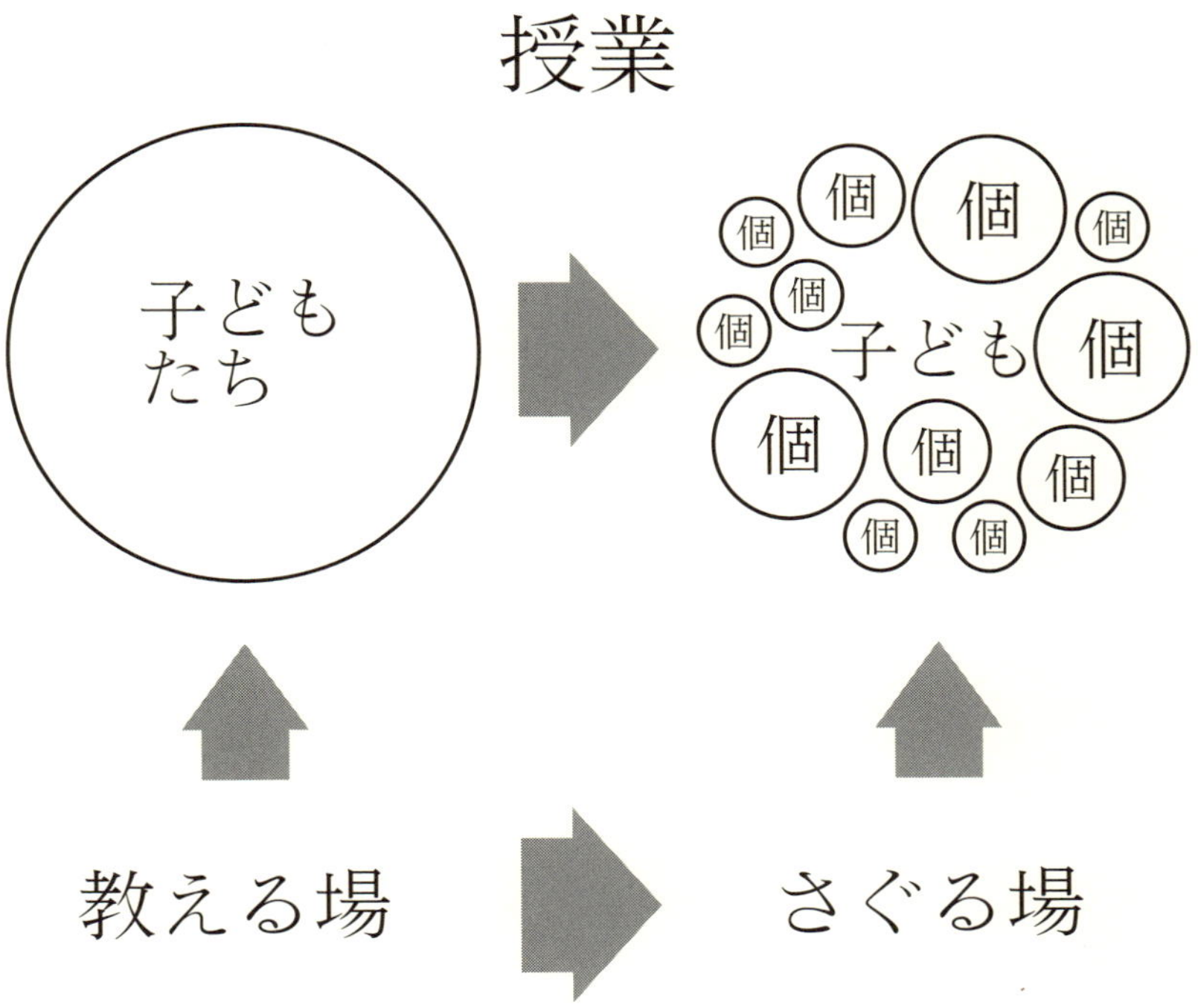

図 1-1　授業は教える場からさぐる場へ（著者作成）

　子どもたち全体を教えるというよりは，全体を見ながら，一人ひとりの〈個〉をさぐっていく意識を持ちたい。

子どもに驚き、子どもたちに学ぼう

長岡文雄が書いた『子どもをとらえる構え』（黎明書房）に、次のような言葉を残しています。

「教師になる」ことは、子どもに驚くことであり、子どもに学ぶことであろう。

（長岡文雄『子どもをとらえる構え』黎明書房、一二頁）

教え子の太田順さんは、一年生の頃、道端に落ちている石ころに興味をもち、たくさんの石を集め、教室に持ってきたことがありました。他の先生なら怒られそうなものですが、その時、担任の長岡は、

「石の研究をしている」

と言ってほめてくれたそうです。

時が流れ、太田さんが結婚し、お子さんが生まれた頃、長岡の自宅を訪ねたことがありました。その時、お子さんが部屋中を動き回り、太田さんが止めようとすると、長岡は、「『（子どもは）いろいろなことを研究している』と言っておだやかに笑っていらっしゃった」と教えてくださいました。

「子どもたちは『研究』や『追究』をしている」

それが長岡の口癖だったそうです。太田さんは、若い先生に長岡の姿勢から学んでほしいこととして次のようにおっしゃっています。

「子どもたちがどういうものに興味を示そうが、『研究している』『追究している』というスタンスで見守っていく姿勢は是非とも学んでいただきたい」

写真 1-3 （左から）
武田昭彦さん，太田順さん，松森重博さん

武田さんは，奈良女子大学文学部附属小学校，中学，高等学校を経て，同志社大学に進学。太田さんは，奈良女子大学文学部附属小学校，中学，高等学校を経て，名古屋工業大学に進学された。長岡は太田さんの結婚式の仲人も務めた。

写真 1-4　長岡文雄を語り合う会
（2024 年 2 月 10 日）の様子

坂本さん，松森さん，太田さん，武田さんにお話を聞くことができた。（東宇孝浩氏撮影）

太田さんは、長岡から「安全や健康を害することに対してはお叱りを受けた」そうです。教え子の武田昭彦さんも同じように「人を思いやらないような言動には注意をされた」とおっしゃっています。長岡は、その子の安全や健康のことに対してはしっかりと指導していました。

私たち教師は、子どもに驚き、子どもに学ぶこと、そして、安全に関すること、健康を害することと、人権に関することには毅然として対応することの両方が求められています。

では、そうした子どもに学ぶ教師になるにはどうすれば良いでしょうか。

その一つが、

子どもをさぐり、とらえること

だと長岡文雄は私たちに教えてくれます。つまり、子どもたちを叱る、叱らないというよりは、「研究」や「追究」をしようとする子どもたちの姿を知ろうとする姿勢が重要です。

教師に子どもたちは見えていない

教師は毎日子どものなかにいながら、案外子どもを見ていない。「見ていない」というより「見えていない」というほうがいいだろう。

(長岡文雄『子どもをとらえる構え』黎明書房、一〇四頁)

私たち大人は、「子どもたちが見えない」という地点からスタートすることが大切ではないかと考えています。私自身、トラブルやハプニングが起きてはじめて、「子どもを見ていなかった」と反省することがあります。さらにいえば、それすらも気づかず、子どもが見えていないことに気づかないままで教師の仕事をしている方もいるかもしれません。

そのため、

子どもをさぐること

子どもをとらえること

子どもに驚くこと

そして、

子どもから学ぶこと

は教師にとってとても大切な教育的な行為だといえます。

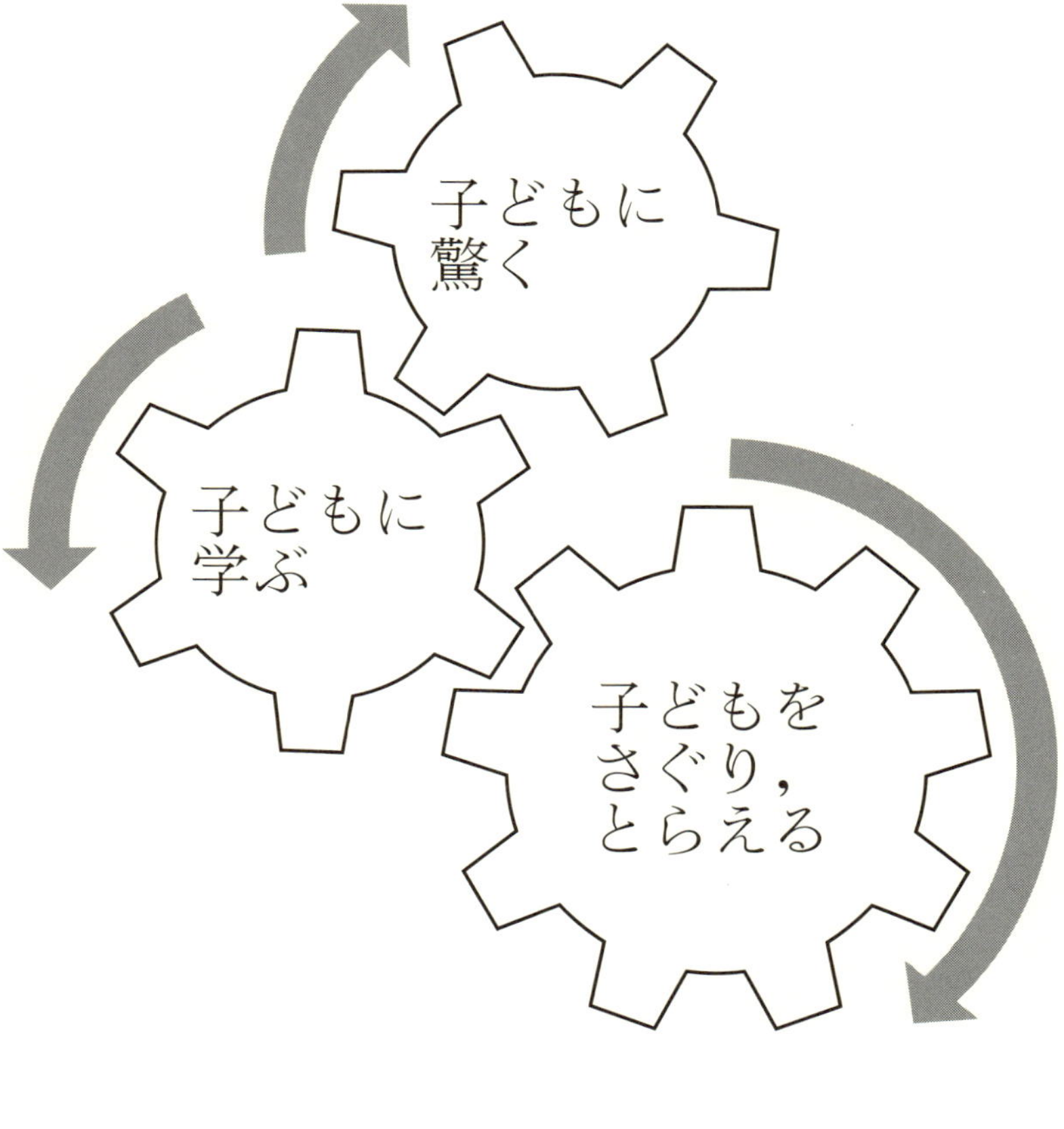

図 1-2　子どもに驚き，学ぶ（著者作成）

子どもは見ていない，見えていないと自覚した上で，「さぐる」「とらえる」という教育的行為を大切にしたい。

さぐることは〈個〉を見とることにつながる

さぐることは、一人ひとりを丁寧に見ることにつながると考えています。長岡は、一歩踏み込んで、「この子」という言葉を使いました。

私は、「一人ひとり」「その子その子」ということばに、あきたらない。第三者的にひびく。教師としての愛情や責任がわいてこない。それで、私は、〈この子〉と呼ぶことにした。〈この子〉は、教室で眼前に座る、具体的な名まえを持つA男、B子である。授業中、「この授業は、A男にとってどういう意味が生じているのかな」と心をつかう対象である。はっきりと正面を据えて指さそうとする〈この子〉である。

（長岡文雄『〈この子〉の拓く学習法』黎明書房、一四頁）

近年、文部科学省は、「個別最適」という言葉を用いるようになりました。「指導の個別化」「学習の個性化」「自己調整しながら学習を進めていく」といったことが挙げられ、「個」に応じた指導を求めています。こうした個に応じた指導は今すぐに始まったわけではなく、戦後から言われてきたことでした。

しかしながら、指導も学習も自己調整も、学習者である子どものことをしっかり見ていないと形式的なものになってしまいます。私自身も過去の実践を振り返ると、そうした反省がたくさんあります。

「さぐる」という行為は、学級集団に対して行われることもあるでしょうが、やはり、〈この子〉、〈この子〉と見つめていくことにつながります。

武田さんは、長岡は、一人ひとりが書いたものをよく覚えていたとおっしゃっています。そして、その子のことだけでなく、その子の家庭のこともよく知っていたと振り返ります。

晩年、長岡から手紙をもらった方もいます。その方、よしこさん（仮称）は、長岡が担任だった小学生の頃、作文が「学習研究」（奈良女子大学附属小学校の機関紙）に掲載されました。長岡がとても気に入っていた作文だったようです。晩年、そのページを長岡がコピーし、手紙と一緒に送ったものを今でも大切に保管されていました。そこには、長岡が、「君たちとの出会いが長岡教育学を形成させた」と手紙に綴っていたとおっしゃっていました。

「この子」「この子」と一人ずつ、包み込むように理解すること。
一人ひとりに関心を持つこと、そして、一人ひとりを大切にすること。

授業だけではなく、子どもの生活や関心に着目しながら理解しようとすることで、子どもの心が見えてくると言えるでしょう。そして、そのことが授業にもつながっていくといえるでしょう。

長岡実践から学ぶ意味

なぜ、今、私たちは長岡文雄実践から学ぶのか。

それは、
・子どもから学ぶ教師になること
・〈子〉を見とり、〈個〉を大切にする教師になること
・学習者中心の実践をめざすこと
につながるからであると言えます。そして、その中核に位置するのは、

「さぐる」

「とらえる」

という教育的な行為だと言えます。

例えば、次の実践記録で、長岡は、子どもの日記を紹介しながら、子どもを探ろうとしていることが窺えます。

くいちがい　　　二年　なかたに　よしこ

このあいだ、となりのみわちゃんと、あそんだとき、わたしは、「えをかきたい」、みわちゃんは、「アタッコをしたい」といって、なかなかきまりませんでした。「これにしよう、これはいや」とか言って、夕がたまで、あそばずにかえってしまいました。あとになって、「みわちゃんのゆうことしたらよかった」と思っています。みわちゃんも、きっと、そう思っているだろうと思います。

でもわたしは、くいちがうのはあたりまえだと思っています。なぜかというと、いつも、みわちゃんとえをかくとき、おなじえをかいたことがありません。えをかくのも、きっと、その人の心に、それをかきたいと思っているからでしょう。作文をかくのも、わたしと、たとえば石ざきさんの作文とを、とりかえて読んでも、思っていることは、わたしとぜんぜんちがいます。

「くいちがうのはあたりまえだ」と、教師がいったわけでもないのに、中谷さんは根拠をもって、くいちがいの起こる必然性を説いてきた。二年生の子どもの、あの小さい頭が、ここまで考えていたのである。むりに考えさせられたのではない。子どもなりに、なやみ、考えあぐんでいたのである。「えをかくのも、きっと、その人の心にこれをかきたいと思っているからでしょう」と、彼女は述べている。これだけ考えてきている子どもの行動には、考え深さがただよってくるものである。生きる姿勢がたしかになっているからである。

（長岡文雄「低学年社会科のいのち」『考える子ども』二八号、二五頁）

さぐることとやとらえることは、簡単なことではありません。私は、教師であれば誰でもできることであるし、挑戦しがいのあることだと思っています。そして、多くの先生が「さぐる」「とらえる」ことが多くの場でできるようになれば、学校教育はもっとより良いものになっていくと考えています。

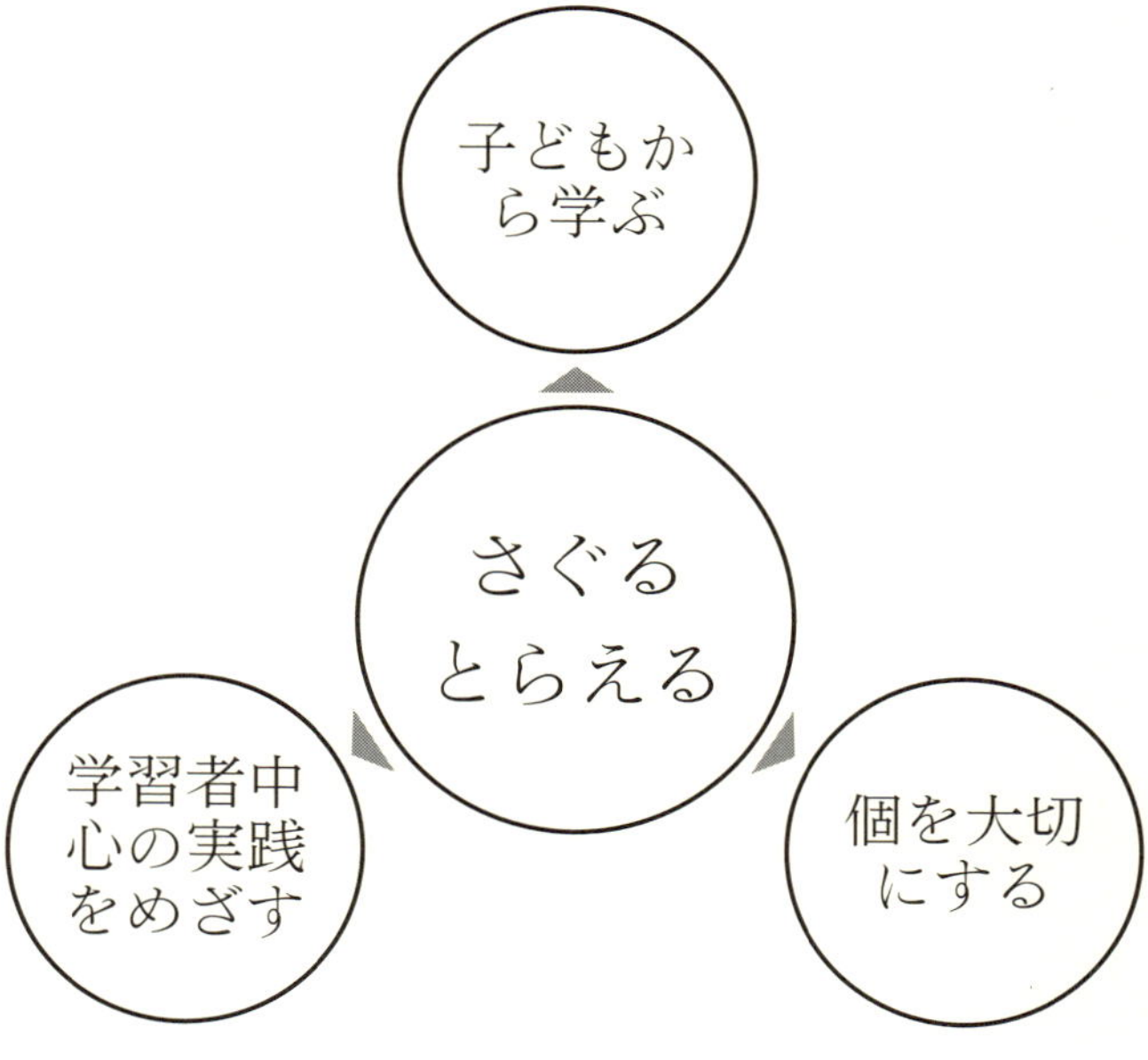

図 1-3　長岡実践から学ぶ意義（著者作成）

「さぐる」「とらえる」という行為は何よりも教える対象者への想いを持つことにつながる。教師もまた子どもたちから学ぶという姿勢を持ちたい。

第二章　〈この子〉をとらえなおす

この子の成長と発見に出会う

長岡は教師の仕事を医者に例え、子どもをさぐらないことは、医者が患者を見ないで投薬することと同じようだと述べています。

教育界では、久しい間、子どもを見ないで、「教えることに専念する」ことが多かった。これは、患者をろくに診察もしないで、「薬だから飲ませよ」と言われている薬を、投薬しつづけてきたようなものである。

（長岡文雄『子どもをとらえる構え』黎明書房、八、九頁）

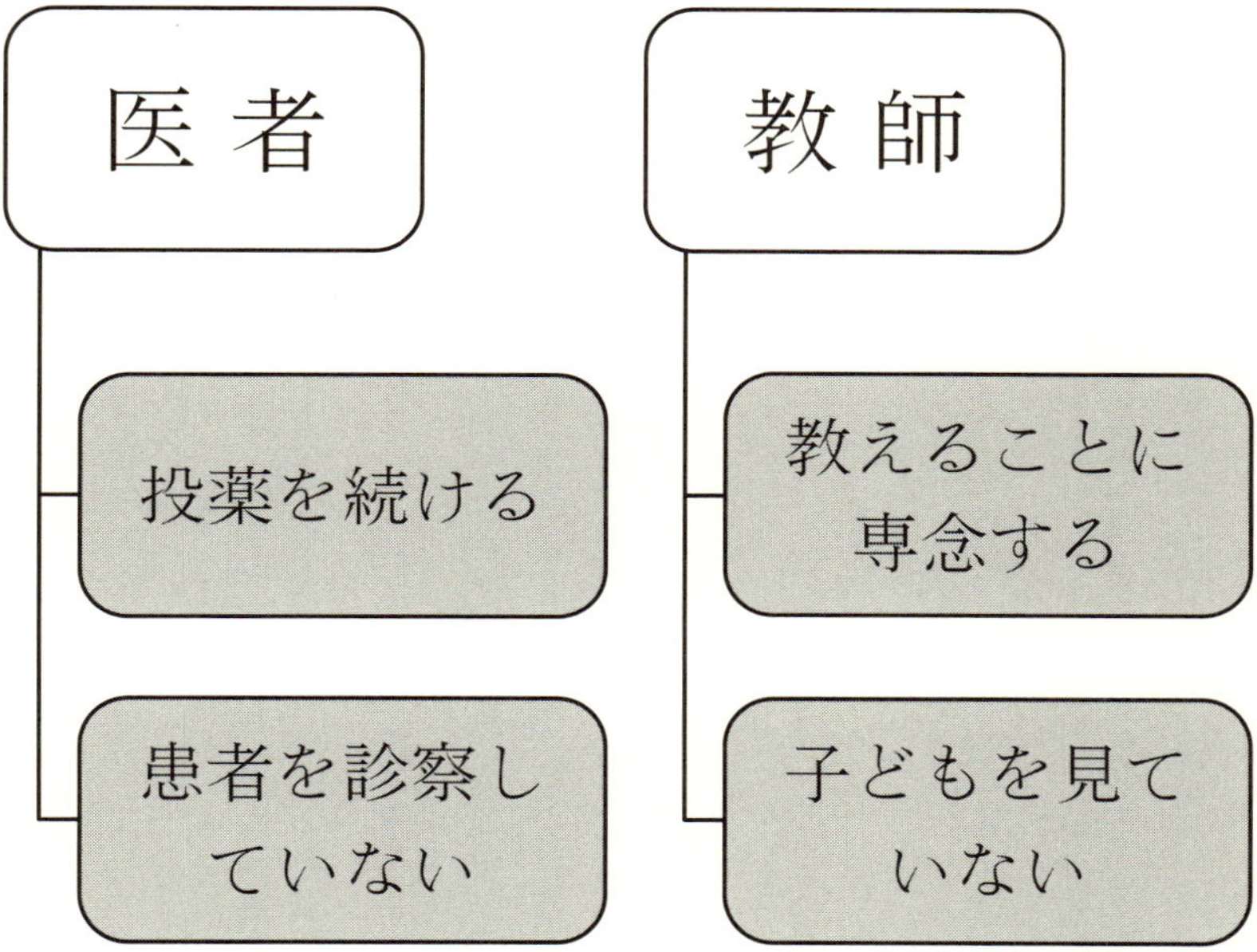

図 2-1 医者と教師の見ることの関係性（著者作成）

教えることに専念しすぎて，対象である子どもたちを見ていない教師の存在を長岡は医者の例に例えて述べている。

なぜ、教師は患者を見ないで投薬し続ける医者のようになってしまうのか。長岡は、

教育を、成長の主体である子どもから発想していないからである。

（長岡文雄『子どもをとらえる構え』黎明書房、九頁）

と、述べています。長岡が述べているように、教育の世界では、教科書や学習指導要領などで載せている教材を万能の薬のように思いこみ、それが期待通りの結果にならなければ、子どもを叱ることが多かったと指摘しています。私自身も「こんなに教えたのに、なぜできないのか」と怒ってしまった経験も少なくありません。この経験は、熱心であるがゆえ、多くの先生が一度は味わったことがあるでしょう。

では、子どもから発想するには、どうすれば良いのでしょうか。長岡は、

子どもに一歩立ち入ってみよう。そして、子どもと共に歩いてみよう。そこには、懸命に生きる子どもたちがいる。教師に生きることを教えてくれる子どもたちがいる。

（長岡文雄『子どもをとらえる構え』黎明書房、一三頁）

と、教師の中の視点の転換やフレームワークを広げることを述べています。そして、実践の報告で

は、子どもたちの日記や作文を通して、子どもたちが「生きること」を教えてくれる様子を伝えています。

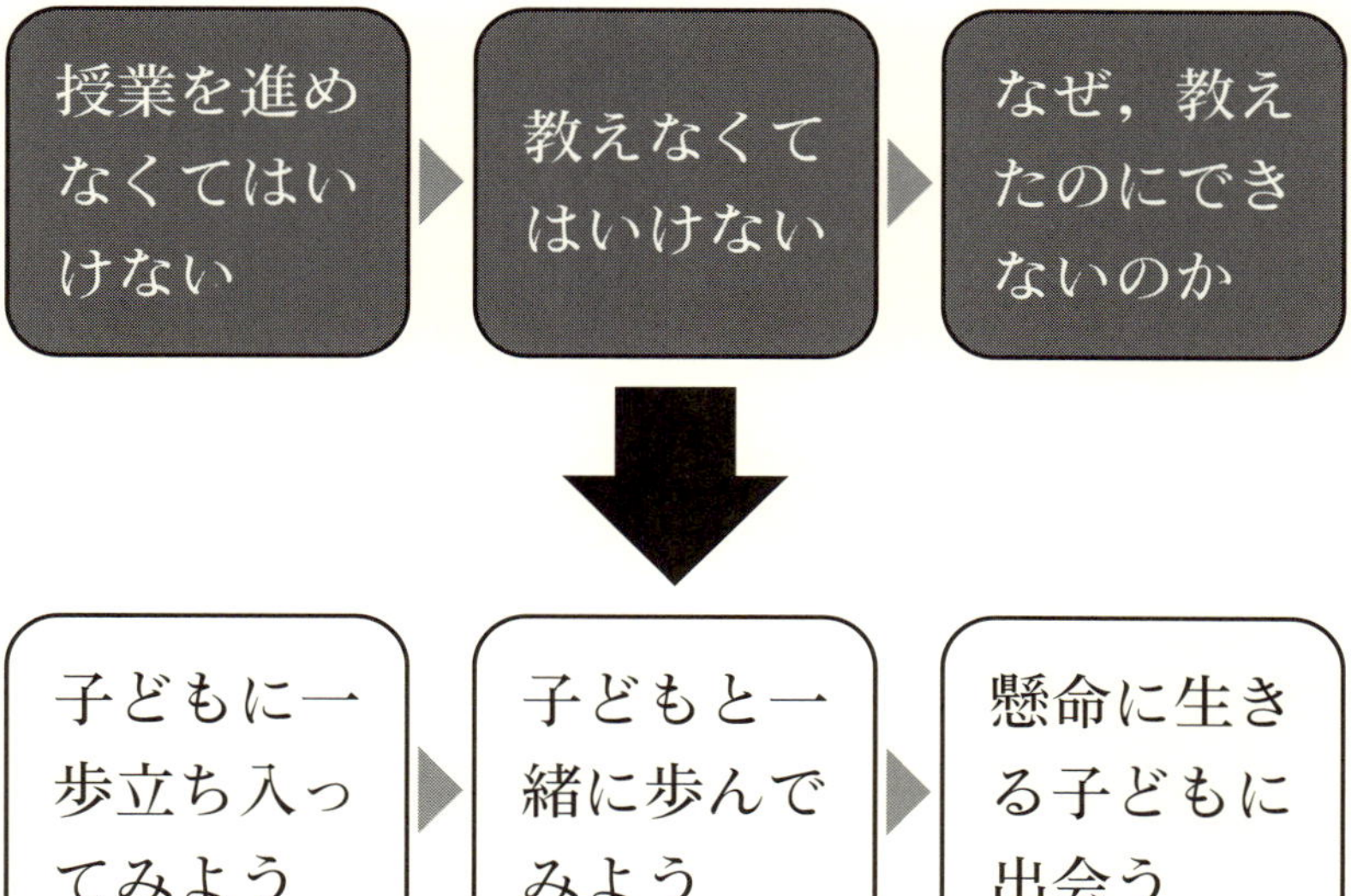

図 2-2　子どもたちの「生きること」に関わる（著者作成）

教科書にある教材を教え込むことに対して長岡は警鐘を鳴らす。子どもの「生きる」ことに一歩立ち入ることの大切さを解いている。

実際に子どもたちの作文とその方の思いを見てみましょう。

やおや

二年　6／14　O男

ぼくは、ばん、ふろやにいくとき、やおやの二かいを見ると、電気がついていました。それは、いつも二かいで、ばんになにかをしているようすです。

ぼくは、それは、ちょうめんになにかをつけているんだと思いました。

それにしても、声がきこえないのになあ。それでも声をださないでやっているかもしれないなあと思いました。ねているのやったら、電気がきえているはずやけどと思いました。

ぼくは、やおやのおっちゃんやおばちゃんが一日じゅう立ったらつかれるから、ばん、電気をつけてねてしまうのかなあ、きっと、ねるときは、だれかがけしてねるはずやのに。

やっぱり、だれかが、ちょうめんになにかをかいているのかなあと思いました。

（長岡文雄『子どもをとらえる構え』黎明書房、二二一、二二三頁）

この作文を書いたOくんとは、太田順さんのこと。

長岡は、この作文を昭和四十二年（一九六七年）に奈良女子大学附属小学校の研究発表会、第二分科会資料としても紹介しています。

学校での学習は、とかく、その授業時間にとどまりやすいものがあるが、O君の学習は、授業時間を越え、学校生活を越え、まさに全生活の中に発展し、強烈なエネルギーのもとに行動化している。執念をこめて問題解決に熱中した生活がそこにある。人間らしい生きがいを求める生活である。

（長岡文雄『子どもをとらえる構え』黎明書房、一二二、一二三頁）

と述べています。この作文は、二年生で店の学習をした時にやおやで働く人を考えあったときに書いたものだといわれています。

太田さんは一年生の時、同級生の谷口雅浩さんたちと一緒に、様々なものに興味をもち、たくさん道草をしながら学校に向かっていました。そんな太田さんたちは、二、三人でまちを見学し、そのことを教室で伝えると、長岡がとても喜んでくれたと今でも覚えていらっしゃいます。

写真2-1　太田順さん

奈良女子大学文学部附属小学校，中学，高等学校を経て，名古屋工業大学に進学。その後，松下電器産業株式会社（現在のパナソニック）に就職され，2018 年に退職された。

例えば、第一章で紹介したように、太田さんが石に興味を持ち、石を教室に運ぶと、

「石博士やな」

と長岡に褒めてもらい、そこから石を集めていったと述べています。

長岡は太田さんや谷口さんの興味を否定せず、さまざまなことへの関心を大切にすることで、太田さんが学びに向かう土壌、問題解決に臨むきっかけをつくることができたと言えるでしょう。そして、こうした追究に向かう姿勢を、長岡は「追究の鬼」と称しています。

「追究の鬼」は、有田和正も使っていますが、長岡が先に使っていたとも述べています。ただ、どちらが先というよりは、長岡の「追究の鬼」は、授業の枠内に止まらず、全生活の中で、追究したいと挑んでいく子を育てたい思いで名付けたように思えます。

他にも低学年のやんちゃなエピソードもありますが、長岡は叱ることはあっても、太田さんたち一、二年生の貪欲な「なんでもやってみたい」「知りたい」気持ちを大切に、それを授業に生かすように取り組みました。

では、どのように、長岡は、一人ひとりの子をさぐり、とらえていったのか。

具体的な取り組みをもとに考えてみましょう。

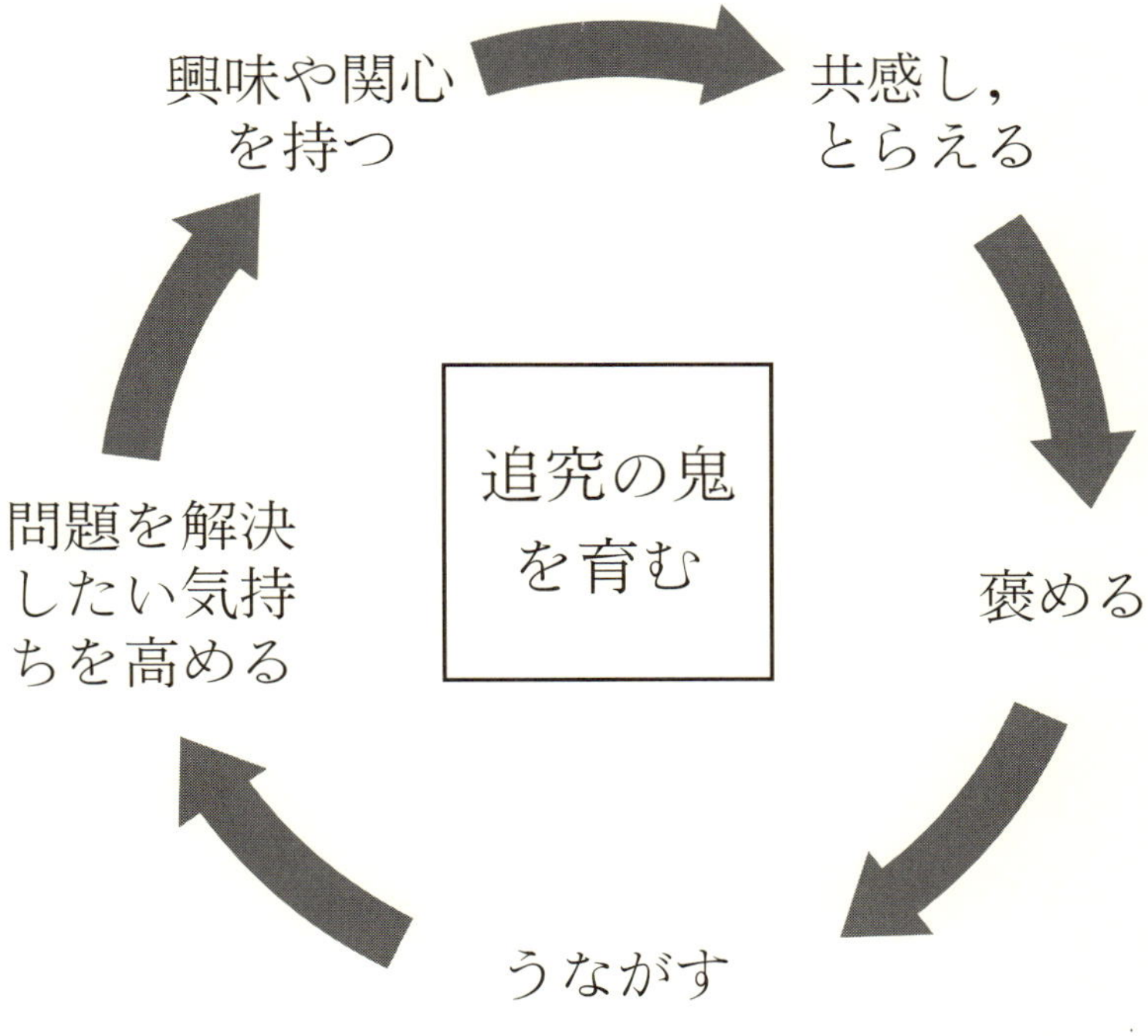

図 2-3　子どもが問題解決に臨む「追究の鬼」を育む長岡の姿勢（著者作成）

頭ごなしに叱るのではなく，興味関心を大切にしながら学習へつなげていく姿勢が「追究の鬼」を育てていく。

子どもをとらえるには

長岡は子どもをとらえるには、二つのことをおさえる必要があると言います。二つめは、第一章で述べたように、「子どもたちが見えていない」と自覚し、見ようとする「教師の眼」を磨き続ける努力をすること。

そして、一つめは、子どもが表現することであると言います。

第一は、子どもが表現することである。子どもが何等かの形で自己表現しなければ、教師は子どもをとらえるすべがない。

子どもたちが、発動できる場を得て自己表現にはげむようにしなければならない。子どもが身ぶり、絵、話、作文、制作、劇化など、表現の場を得ていくとき、教師は子どもの個性的思考に迫ることが可能になる。子ども自身もまた、自己を試し、自己を確認することができるようになる。

(長岡文雄『子どもをとらえる構え』黎明書房、一〇四頁)

とし、子どもたちが「表現する」ことの大切さを強調しています。

その上で、

　学習が白熱すれば、子どもの自己表現は活発になる。子どもが多面的な表現の場を得て、自由に自然に本音を出してくるようにしたい。

（長岡文雄『子どもをとらえる構え』黎明書房、一〇四頁）

と、子どもたちが「本音」を出してくることを目指しました。

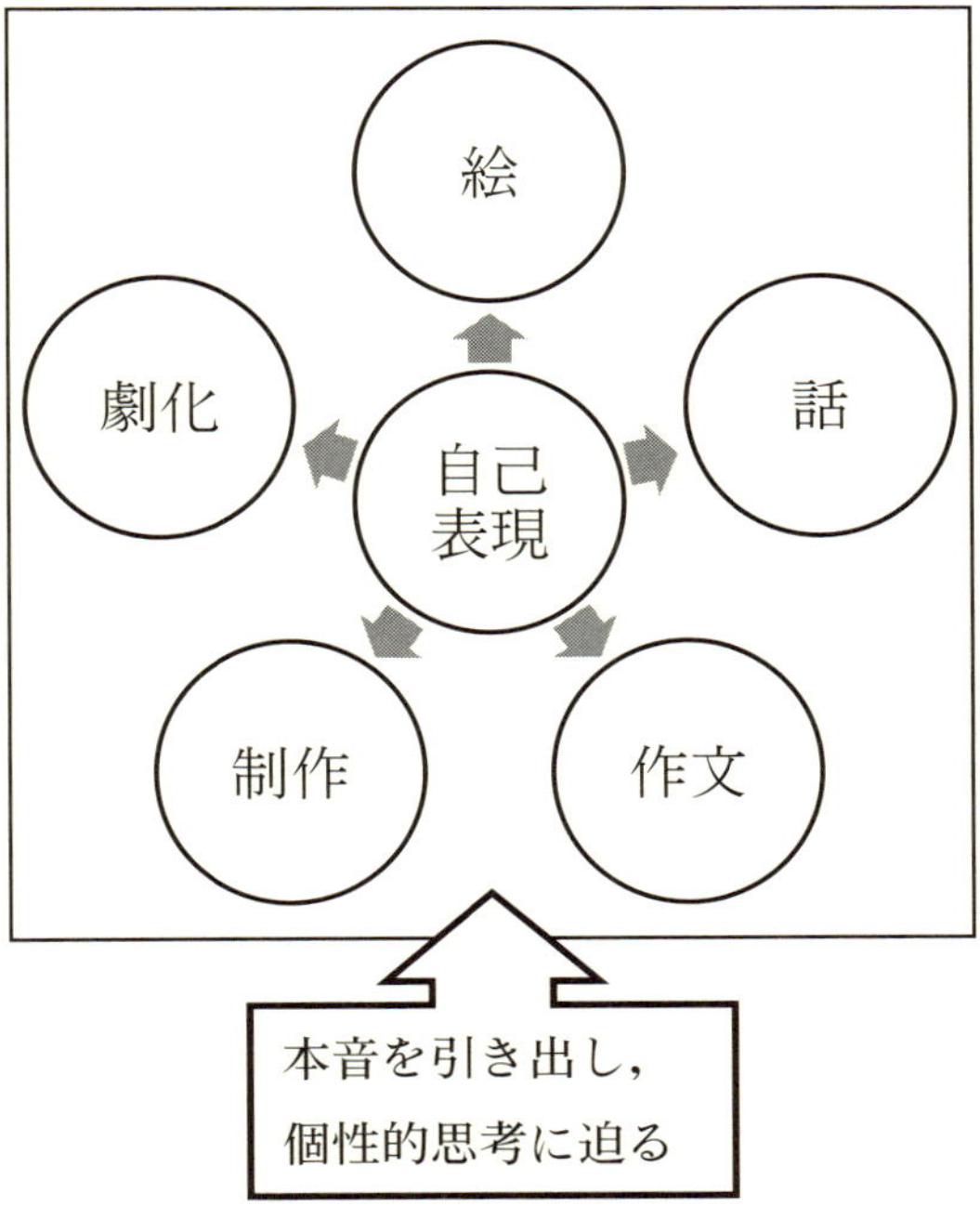

図 2-4　自己表現の場をつくり，個性的思考に迫る長岡の考えの図式化
（『子どもをとらえる構え』）（著者作成）

　様々な自己表現の場をつくり，自由に自然に本音を引き出す。

子どもをとらえるときの配慮

長岡は、子どもをとらえる上で、配慮すべき十二項目を挙げています。一つずつ詳しく見ていきましょう。

写真２-２　長岡の子どもたちとの様子
（時期不詳　長岡二朗氏提供）

① 教師につきあわせる諸調査をつつしむこと
② 形式的，羅列的に流れないこと
③ 学問の成果によりかかりすぎないこと
④ 安易に「子どもはわかった」と思いこまないこと
⑤ 問題をもってさぐること
⑥ 愛情で貫いていくこと
⑦ 分析にとどまらず，総合を大切にすること
⑧ 各方面でのあらわれをつないで考えること
⑨ 長い間追い続けること
⑩ 自分の手法を創造すること
⑪ 他の人の気づき方に耳を傾けること
⑫ ひとりでできる手法を創造すること

「子どもをとらえるときの配慮」
（『子どもをとらえる構え』長岡文雄（黎明書房）p.105-108 より）

①　教師につきあわせる諸調査をつつしむこと

アンケート（調査）することが悪いわけではありません。しかし、「調査に対して、子どもも学習としての意義をもつようなものでありたい。調査も子どもに一つの経験として影響を与えることを考慮しておきたい」という長岡の言葉は私たちの戒めになるでしょう。

②　形式的、羅列的に流れないこと

「形式にとらわれるな」

それが、長岡が私たちに伝えたいメッセージだと考えています。

子どもをとらえる時、形式を整えることで、目的化してしまうことがあります。「核心」をねらい、「調査だおれ」にならないことに気をつけなくてはいけません。

③　学問の成果によりかかりすぎないこと

「調査の結果を信頼しすぎて、自分の眼でなまの子どもを見ることをおろそかにすることがないように注意したい」と長岡が述べています。私たちは科学的な調査や結果があると、その子を一面的に見てしまうことが往々にしてあります。お医者さんが聴診をするように、教師もじっくり子どもを見ることを大切にしたいものです。

④　安易に「子どもはわかった」と思いこまないこと

長岡の「『子どもがわかった』と思うときより『子どもがわからない』と考えなやむときの方が、より子どもの真実に近づいていることはまちがいのないことである」と述べています。うまくいっているときの方がなかなか真実は、見えていません。長岡が述べているように、あらわれたものはある条件のもとで見えたのであり、見えない面もあると思うことが大切です。

⑤　問題をもってさぐること

「オヤッと問題をもつときが、子どもの見え出す出発である」と長岡はいいます。また、逆に、軽い気持ちで調べたことでも、子どもの意外な面が見えて、深まることもあります。

⑥　愛情で貫いていくこと

実践家の子ども理解は、研究者と違い、主観的で情緒的、間合いを欠く一方で、子どもに責任をもち、子どもと人間として共感できると長岡は述べています。そのために、長岡が主張するどこまでもあたたかく、広いものであって欲しいという「教師の眼」を持つことは重要です。

⑦　分析にとどまらず、総合を大切にすること

子どもをとらえると、私たちは、どうしても細かなところや問題点を考えてしまいがちです。し

かし、総合して、全体をとらえることが大切です。

⑧ 各方面でのあらわれをつないで考えること

先生の前で見せる時と子ども同士の時に見せる様子が違うなど、子どもは様々な顔を持っています。長岡も「あらわれを多面的にとらえ」、そのあらわれの根底で統一していることを探ることや相矛盾するあらわれを大切にすることを述べています。

⑨ 長い間追い続けること

「子どもの可能性は、教師のあくなき、持久的子ども探究によってあらわになり花を開かせていく」と長岡は述べています。長い間見ていくことは、長岡も言うように辛抱がいることです。粘り強さが大切です。

写真2-3 子どもたちの書いたものを見つめる長岡（時期不詳 横山ひろみ氏提供）

⑩　自分の手法を創造すること

「教師が自分の納得のいく手法で子どもをとらえていくこと」と述べているように、自らの「子ども理解法」をつくっていくことが大切だと言えるでしょう。

⑪　他人の気づき方に耳を傾けること

自分の手法を確立していく一方で、同僚や保護者、そして子どもたちの声や評価を大切にしていくことで新しい発見に出会えます。

⑫　ひとりでできる手法を創造すること

「教師は、自己の限界はあっても、限界を意識しながらひとりで思いなやむ構えがまず必要」と長岡は述べます。子ども理解のために多くの人の支援は必要です。しかし、その支援がないと理解できないのではなく、一人でとらえようとする構えが必要です。そこにこの仕事の難しさと楽しさがあるように感じています。

写真２－４　字の書き方について教える長岡（時期不詳　横山ひろみ氏提供）

さまざまな方法で「子どもをとらえなおす」

長岡は、子どもをとらえる手立てとして、『子どもをとらえる構え』（黎明書房）で次の九つのことを大切にしています。このことは、前書『長岡文雄と授業づくり』（黎明書房）でも要点を抜き出していますが、今回はその要点に補足を加えています。

①　いつ、どこからでも、驚きを中心に

子ども理解のきっかけは、やはり、教師自身の、子どもに対する疑問からである。オヤっと心にかかった子どものあらわれが理解の入り口となる。

教え子の方に話を聞くと、太田さんをはじめ、多くの人が、子どもたちの行動に対して長岡は常に肯定的に見ていたということが窺えます。

②　いろいろな生活の場でさぐる

授業時に限らず、遊び時間や放課後、家庭生活など、二十四時間生活のなかで子どもをとらえたい。授業の時間についても、教科のちがいや指導教師のちがいによって、子どものあらわ

れにちがいが生じやすいので、そのちがいを大切にとらえて吟味していきたい。

長岡は、人を育てる観点から授業のみならず、生活全ての中で子どもたちが成長していくことを大切にしていました。「あらわれ」のちがいをとらえることは長岡実践の真骨頂だと言えるでしょう。

③　子どもが本音をあらわしやすい要所で

本音を出す場所がどこにあるかを見定めたい。録音や録画は、このような要所において威力を発揮する。（とくに、）子どもたちの「つぶやき」には、本音がのぞきやすい。

長岡は、当時からたくさんの録音を残し、それを何度も聞いていたと息子さんから聞いたことがあります。録音には多くの「つぶやき」が聞こえます。

写真2-5　子どもたちの授業の様子
（時期不詳　横山ひろみ氏提供）

④　子どもが本音をあらわす場をつくる

子どもの自然なあらわれをとらえていくとともに、学習を動的にして、子どもの本気な体当たりの学習の場が生まれるように計画していく。

長岡実践は本音を語り合うことを大切にしていたと言えます。そこには子どもたちの本音のぶつかり合いがあります。

写真 2-6　教室での長岡文雄
（1975 年　横山ひろみ氏提供）

⑤　ひとりひとりのカルテや座席表をつくっていく

（医師におけるカルテにあたるものをもち、）座席表には、「この子にどういう意味をもつ授業とすべきか」を考えて記入していく。たとえ数人の子どもでもよい。「カルテ・座席表」の名称はどうでもよい。要は実質である。

長岡も述べているように、大事なことは、形ではなく、実質であること。つまり、子どもたちの声や姿など、子どもをとらえる上で大切だと思うことを記録していけば形式にこだわる必要はありません。上田薫は、『ひとりひとりを生かす授業―カルテと座席表』（明治図書）の中で、「カルテに決まった形式はない」として、「時間中にちょっと書きと

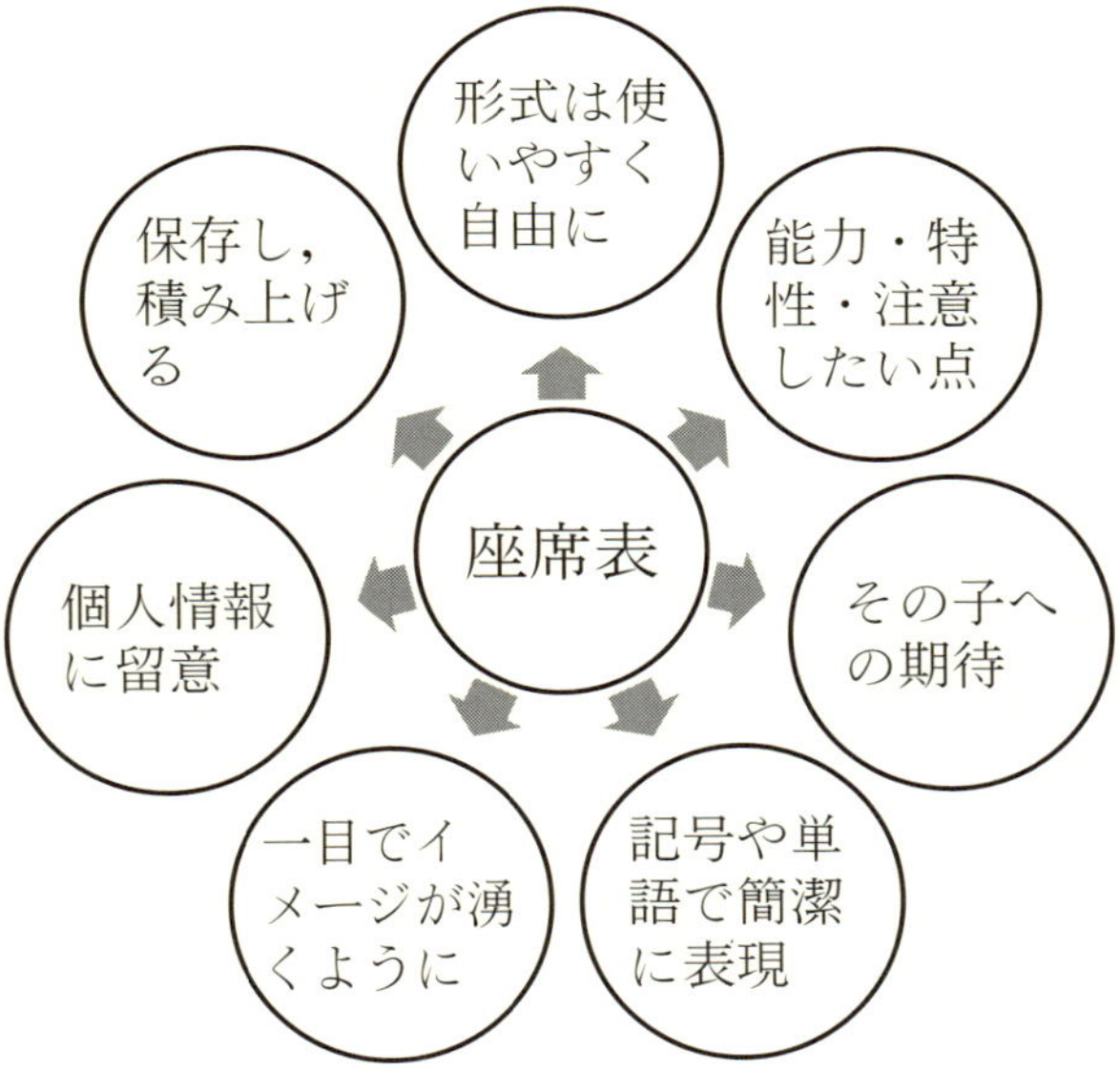

図2-5　上田薫のカルテや座席表での注意点（筆者作成）
『ひとりひとりを生かす授業―カルテと座席表』（明治図書）p.14，p.15を参考

めることが肝要」（一六頁）と述べ、「おやっ」と思ったことを簡潔に書くとよいとしています。

⑥ 子どもをとらえなおしながら

「子どもを理解する」ということは、「子どもをとらえなおすこと」でありたい。今までの教師のとらえ方では理解できないような子どものあらわれを大切にして、子どものイメージをえがきなおすとともに、教師の評価の尺度を吟味しなおしたい。

私自身、子どもを理解する中で、とらえなおしをしていく連続性を大切にしていくことを長岡実践から学ばなくてはいけないと考えています。

⑦ 子どものあらわれを考察する力を養う

子どもは、「表現したところに居る」というより、「表現した近くに居る」とみなければならない。そして、（子どもの表現には限界があるので、）子どもの片言をていねいに吟味できる力を磨きたい。

子どもの言葉は完全ではありません。それは大人も同じかもしれませんが、しっかりと子どもたちを丁寧に見とり、声を聞くことが欠かせません。

⑧「子どもがする評価」を大切に

子どもがする評価には鋭いものがある。授業に対しても「もっとこうしたら」という提案ももつ。このような子どもの声をもとにすると、子どもの理解が深まりやすい。

子どもの声に耳を傾ける。この姿勢に子どもと歩む長岡の姿勢がとても伝わります。この姿勢が学級づくりや授業づくりに生かされています。

⑨子どものねがいに迫る

「子どもをとらえる」ということは、「子どものねがい」をとらえるということでもある。子どものねがいは、子ども自身が口に出してただちに言えるものばかりではない。真のねがいは、子どもの行動を支えて奥の方にあると思われる。いつも話題にしていること、どうかしたときはげしくこだわることなどによって、かれが何をねがい続けているのか、そのねがいの質はどういうものかどんな構造を持っているかが明らかにされやすい。

「ねがいをとらえる」

このことが、子どもをとらえる中で一番大切だと言えるでしょう

子どもをとらえる手立て	驚きを中心に
	生活の場で
	本音やつぶやきから
	本音があらわれる場を
	カルテや座席表をつくる
	とらえなおす
	考察する力を養う
	子どもの評価を大切に
	ねがいに迫る

図2-6　長岡が考える子どもをとらえる９つの手立て
(『子どもをとらえる構え』より)(著者作成)

子どもをとらえるための９つの手立てを通して，子どもたちをさぐっていく。

「近ごろ変わったこと」作文の取り組み

長岡は、子どもたちをとらえなおすために、次のような取り組みをしていました。（参考　長岡文雄『子どもをとらえる構え』黎明書房、一一一―一四一頁）

① 「近ごろ変わったこと」をテーマに月例作文を続ける
② 朝の会で「友だちの話」の時間をとる
③ 「毎日帳」や「わたしの考え帳」を書く
④ 学習ノートで自分の考えを書き込む
⑤ 行事との関わりで様子をとらえる
⑥ 保護者との対話で理解を深める
⑦ 遊び時間での会話や様子から理解を深める

その上で、長岡は、「書く」ことを通して、子どもたちをとらえなおすことに努め、「近ごろ変わったこと」の作文に取り組みました。この作文は、長岡が一年生にふと「近ごろ何か変わったことがあるの」と聞いたところ、どの子も驚くほど反応し、経験を発表したことがきっかけです。子どもの思考体制をのぞく要所であり、毎月子どもをとらえなおす機会として位置づけていました。

わたくしは、この作文を読まなければ、たちまち子どもに入ることができなくなる。立ち入れなければ、子どもを土台骨からゆるがす教育はできなくなる。

（長岡文雄『子どもをとらえる構え』黎明書房、一一二頁）

この題名の作文の魅力について、長岡は、

○どの子どもも書く内容をもつ
○子どもが表現する楽しさをもつ
○子どもの広いなまの生活があらわれる
○子どもの関心の所在や、思考のまとまりがみえやすい
○個性的な思考体制が姿をあらわす
○子どもの成長がみえやすくなる
○子どもの学年的、学期的発達の特性らしいものがあらわれる

（長岡文雄『子どもをとらえる構え』黎明書房、一一二―一一四頁）

といった良さがあり、

書きたいことをすなおに力一ぱい書けるようにしてやる。作文の上手下手などぜんぜん意識外で、ひたすら書きひたらせる。表現がとどこおらないように、「字はきたなくていいから、気がすむまで書こう。」と子どもに呼びかける。

「近ごろ変わったこと」の作文を読むのは、教師にとって楽しみの一つである。この作文で、教師は、しばしば思いがけない子どもの世界に出会うのである。

（長岡文雄『子どもをとらえる構え』黎明書房、一一五、一一六頁）

と述べています。長岡の心に残った「近ごろ変わったこと」を読んでみましょう。

近ごろ変わったこと

五年 1／17 S男

まえまでは、自分が一番だいじだと思っていました。それに、自分がよければいいと考えていました。

でも、今はちがいます。電車に乗っているとき、「人にめいわくをかけると、自分は一人だけれど電車に乗っている人は何人いるのか、ぼく一人よりも多いんだ」と考えると、いたずらはできなくなってしまいます。

それから、ふしぎなことだけど、町を歩いている人や、大阪の町などを見ると、「ぼくを知っている人は、一億人の万分の一もいない」と思う。そして、それにつながって、「ぼくが生まれてきて、日本の人たちにどんな利点があったのか。ただ日本の人口が一人ふえただけではないのか。大きくなったら、有名にならなくってもいいから、あの人がいてよかったといわれる人になりたい」と思うときがある。（略）

（長岡文雄『子どもをとらえる構え』黎明書房、四八頁）

近ごろかわったこと

三年　9／20

わたしは、このごろ、一人でバイオリンのけいこをするようになりました。

毎日ではありませんが、一人でけいこする日は、自分がどんなひきかたをしているのかわかりません。だから、わからないときだけおかあさんのところへいってききます。

おかあさんといっしょにやるとき、おこられるところがいつもいっしょなので、いつもこう思います。「おこられるところがいつもいっしょだと、あきてくるな。それでも、なかなかうまくならないというしょうこだな」

それでも、わたしは、おかあさんのせつめいどおりにひこうと思います。そうしたら、よけい、おかあさんのいうとおりにひけなくなります。

ですが、いつものかんじでひいただけで、おかあさんは、「そうや、そういうふうにひくんやで。」といいます。そうしたら、わたしは、なにがなんだかわからなくなります。だって、ちゃんとひこうと思っていっしょうけんめいやったらひけなくて、いつものとおりひく気分でひくとうまくひけるんだから。

（長岡文雄『子どもをとらえる構え』黎明書房、九一頁）

高学年は高学年らしく、低学年は低学年らしく、それぞれの学年に応じた、その子なりの思いや考えがこの作文から伝わってきます。そして、こうした作文から一人ひとりの成長や新しく、その子をとらえなおすきっかけにもなるでしょう。

写真２-７　子どもたちの書いたものを見つめる長岡（時期不詳　横山ひろみ氏提供）

column　長岡実践研究をこの時代に活かすために①

子どもに学ぶ教師をめざそう

長岡文雄は，本書でも述べているように，戦前，戦中，そして戦後に生きた教師です。しかも，昭和時代の実践家であり，100年以上も前に生まれた方です。長岡の実践は奈良女子大学附属小学校をはじめ，今でも受け継がれているところはありますが，そのまま公立小学校に活かせるか，となると難しいと考える方も多いでしょう。

しかしながら，長岡文雄が大切にしてきた普遍的な価値は，もう一度スポットライトを当てるべきだと強く考えています。それがなんと言っても，長岡が大切にしてきた「子ども探求」ではないかと考えています。

佐久間亜紀『教員不足―誰が子どもを支えるのか』（岩波書店）の中で,「もう職員室で子どもの話ができないんです」という一節が目に止まりました。インフルエンサーをめざすのが夢で，SNSに余念がなく，職員室で子どもの話をしたくない，あくまでアルバイトとして教員の仕事を行う先生に出会い，がっかりして肩を落とす実践家の先生の話を読んでいて胸が痛みました。同じように,娘が好きなテレビドラマを一緒に見ていると,動画配信で「バズる」ことを考える看護師に先輩看護師が「看護師の仕事とは何か」を諭すシーンに，異業種であれ，共通するものを感じました。「なぜ，この仕事をするのか」と，教師の仕事の意義をもう一度問い直す時期が来ているのだと思います。

インフルエンサーをめざすことは否定しません。若い先生の中で，ある程度のキャリアを積んだらそうした仕事につく方も増えてきています。しかし，教師の仕事の醍醐味は，子どもを探求する，つまり，長岡文雄の言葉を借りれば，「『教師になる』ことは，子どもに驚くことであり，子どもに学ぶことであろう」と考えます。

子ども（の成長）に驚き，そして学ぶ教師を増やしていきたい。

そのように考えています。

ちなみに，長岡文雄はある意味で，昭和の時代，「子ども探究」のインフルエンサーだったに違いないと私は思っています。

第三章　「この子」と共に学級をつくる

教室に居場所をつくる

長岡文雄の教え子だった谷口雅浩さんは、「具体的には思い出せないのだけど……」と言いつつも、一年生から三年生まで担任だった長岡との思い出は、

「体で受け止め、（今でも）心の奥底にあるもの」

とお話をして下さいました。

そして、

「五十年以上経っても長岡先生は心に残る先生でしたね」

とおっしゃったのが印象に残っています。

谷口さんによれば、当時から小学校での仲間はいつも仲良しで、今でも、附属小学校の卒業生を

中心に集まる機会が多くあるとおっしゃいます。

谷口さん自身、やんちゃで、同級生の太田さんたちと登下校の時によく色々なことをして、学校が楽しくて仕方なかったそうです。

そして、何より、

「教室に居場所があった」

という言葉も印象に残っています。

近年、学級づくりにおいて、心理的安全性という言葉がよく使われるようになりました。

当時はそうした言葉はなかったかと思いますが、長岡学級は、まさに心理的安全性が確保された学級だったと、谷口さんのインタビューから感じました。

では、どうすればそうした学級づくりができたのでしょうか。

本章では、子どもをさぐるために、長岡が目指したこと、そして、そのためにどのような学級づくりを目指したか、迫ってみたいと思います。

写真 3-1　谷口雅浩さん

奈良女子大学文学部附属小学校，中学，高等学校を経て，大阪大学に進学。その後，株式会社ポーラ化粧品本舗（現在の株式会社ポーラ・オルビスホールディングス）に就職，2020年に退職された。（2024年３月16日にインタビューを実施）

人間として強い人間を育てたい

長岡は「人間として強い人間に育てたい」と考え、子どもたちの切実性を大切にした教育実践を続けました。そのきっかけになったのは、戦後、文部省から重松鷹泰を主事（校長）に迎え、奈良プランを作成した頃のことでした。

戦後、昭和二十二年（一九四七年）に社会科が生まれることになり、その成立に携わったのが、重松でした。その重松を主事に招いて、奈良女子大学附属小学校では、新しい教育計画である「奈良プラン」が始動します。その作成にあたり、長岡が考えたのが次のようなことでした。

まず、「人間として強い人間」を何としても育てたいとねがった。そのため、私たち自身の経験を土台とし、一切の先入観を去って、子どもたちを真実の人間性に目ざめさせる方策を考えた。ここで、その実現は、子どもの具体に迫らなければどうにもならないことを悟った。

（長岡文雄「私の歩んだ道（7）—奈良プラン創成時代—」『考える子ども』一九六号）

そこで、長岡たちは、児童の実態調査を丁寧に行い、そこから、子どもたちに「生きがい」を生む三つの生活を子どものものにすることを考えます。それが「しごと」「けいこ」「なかよし」と言われる学習活動の形態です。それらを子どものものにすることで、「人間として強い人間は育つ」と考えました。

「子どものものにする」

ここが、長岡実践の真骨頂とも呼べるでしょう。

つまり、学習活動や学びは、子どもたちのものであり、大人が授け、教え込むものではないという視点です。もっと言えば、子どもたちのものでなければ、人間としては強い人間にならないと考えてのことでしょう。では、「強い人間」とは何でしょうか。

戦後すぐに発刊した奈良女高師附属小学校学習研究会編『たしかな教育の方法』（一九四九）の中で次のように書かれています。

私たちは、子どもたちを、人間として強い人間にそだてたい、と願っています。いきいきとした人間、自分で考え、自分で責任をもって、事をしていく人間が、みちみちることは、新しい日本が、まち望んでいることです。それが、ほんとうの民主主義をなりたたせていく土台であるからです。

（奈良女高師附属小学校学習研究会編『たしかな教育の方法』秀英出版、一頁）

子どもたちが生きがいをもって、主体的に自分ごととして学ぶ。そのことが、自分で考え、自分で責任をもって行動していく人を育てる。それはまさに民主主義を成り立たせる土台であり、本当の意味での「強い人間」であると言えるでしょう。

子どもの力を育てる筋道

人間として強い人間を育てるために、子どもたちの力を高めるにはどうすれば良いでしょうか。長岡は、そこには、「子どもの力を育てるための筋道」があり、その筋道は、子ども理解だと述べます。

子どもの力を育てようとすれば、まず子どもはどう育っていくものかがわからなければならない。「子ども理解」が指導の原点である。

（長岡文雄『子どもの力を育てる筋道』黎明書房、二四頁）

そして、その筋道は「この子」「この子」とそれぞれ多様な子どもたちを育てていくものであり、ひとりひとりの思考体制がどのように全体的、統一的に発展していくかを、じっと見まもりながら、これに手を貸していかねばならない。「育てる筋道」は、この子が、自分の可能性の限界にいどみ、自己変革をとげていくように支援する筋道にほかならない。

（長岡文雄『子どもの力を育てる筋道』黎明書房、一二五頁）

とし、「教えたい」と幼児の口にご飯を押し込むような方法では、子どもを育てることはできない（長岡『子どもの力を育てる筋道』）と述べています。

子どもにとって楽しい学級とは

その上で、長岡は、「子どもにとって楽しい学級とは」というテーマで、次の八つの視点で学級づくりについて述べています。（長岡文雄『学習指導研修』教育開発研究所、一九八三年）

①「この子」の願いが実現する学級
②温かい家庭的雰囲気をもつ学級
③「わたし」を表現し、質問し合える学級
④「真剣な共同追究」のある学級
⑤ユーモアのある学級
⑥「つくり出す活動」をもつ学級
⑦係活動に個性を生かせる学級

⑧ 教師に誠意と温かさがある学級

この八つの視点について、詳しく考えていきましょう。

「この子」の願いが実現する学級とは

「子どもにとって楽しい学級」とは、学級の成員一人ひとりが生きがいをもつ学級である。個性的存在である一人ひとりの願いが実現していく学級である。

（長岡文雄「子どもにとって楽しい学級とは」『学習指導研修』教育開発研究所、一九八三年）

と長岡は述べています。そして、長岡は、「この子」「この子」と一人ひとりの考えをさぐり、その願いと実現について考察していくことの大切さを語っています。

教え子の松森重博さんは、

「長岡先生は、ひとりひとりの子どもをひとりの人間としてみられた。子どもだから（と）、子どもの時だけで通用することではなく、ひとりの人間として大人になっても通用するような考える力を求められていたように思います。それが自由な伸び伸びとした考え方を養ってくれたように思います」

とおっしゃっています。まさに、生涯にわたる「いきがい」をもち、「こんな人になりたい」という一人ひとりの願いが実現する学級づくりが根底にあることが分かります。

生涯にわたって残っていく「いきがい」。

このことが先ほど述べた谷口さんの言う「心の奥底にあるもの」であり、心に残る先生であると言わしめる所以だと言えるでしょう。

温かい家庭的雰囲気をもつ学級

（学級に）心配りや温かい家庭的な雰囲気が生まれると、むずかしい内容の学習のときも、みんなで励まし合う。転入してきた新しい仲間にも淋しい思いをさせない。

（長岡文雄「子どもにとって楽しい学級とは」『学習指導研修』教育開発研究所、一九八三年）

長岡学級の教え子の方に話を聞くと、共通するのが、

「温かい雰囲気」

を皆さんが感じているところです。

谷口さんに聞くと、長岡学級は、

「いつも仲良く居心地が良かった。先生は自分を肯定的に評価してくれた。何か悪さをしても、元気だな、と」

とおっしゃいます。同様のことを他の方も教えて下さいました。

一方、相手を思いやらない行動には毅然と対応されたと松森さんはお話をして下さいました。

「先生が怒られたのはめったに見ませんでしたが、(怒ったのは)一九六〇年十月の社会党委員長浅沼稲次郎氏が暗殺された翌日です。ちょうどクラスの誰かが誰かを殴ったことがありました。長岡先生は、朝の一時間目と二時間目を使って、言論を暴力で奪った、十七歳の少年の行動を当時の社会風潮と共にたいへん怒って語り続けられました。そのような暴力とクラスの誰かの暴力は同じことだといわれたように思います。暴力を振るった誰かと共にクラスのわれわれも叱られたように思います。それが担任だった三年間で一番怒られたときでした。」

長岡は、純粋に子どもたちのために生きた人でしたが、長岡の二十代は、国家統制が厳しい、戦争の時代でした。

長岡自身も、兵隊検査を受けています。

しかし、長岡は、鼓膜損傷で入隊免除となりました。

松森さんによれば、戦後しばらく経った後、授業で子どもたちの私語でやかましくなったとき、

写真3-2　授業の様子
（時期不詳　横山ひろみ氏提供）

耳を押さえてしばらく話さなかったことがあるといいます。

「（長岡先生は）片方の耳が良くないともいっておられました」片方の耳が良くないというのは、きっと鼓膜損傷のことだろうと思われます。

長岡文雄は多くの教え子の方に聞いても、「温厚だった」「優しい先生で人気だった」「怒ったことをあまり見たことがない」と言われることがほとんどです。しかし、そこには、長岡が自由や平和、そして人の尊厳を胸に、一人ひとりを「この子」「この子」と大切にする強い思いが込められていました。

「わたし」を表現し、質問し合える学級

「子どもたちがモノを言う環境があった」

谷口さんは当時を振り返って、長岡学級をそのように述べます。

長岡も、子どもたちは自分の表現に対して、仲間の反応を期待しているとし、子どもたちの関わりから「『わからない』ことを『はずかしい』と思わないで学んでいく学習の態度が、学級に日常化した。『恥ずかしいのは、わからないことを放置することである』。このことを教師の説教によらず、自得した」と述べています。（長岡文雄「子どもにとって楽しい学級とは」『学習指導研修』教育開発研究所、一九八三年）長岡は朝の会などでは子どもたちの発表を促し、表現し、質問し合える学級をめざしました。

また、そのためには、教師の子どもたちをとらえる構えが大切だといえます。

長岡と共に勤務したことがある尾石忠正さんは、

「校外施設に見学に行った時、子どもたちは（教師側が見てほしいものは見ずに）、例えば

『ネズミがいた！』などと言っていた。つまり、子どもたちは、大人とは違った、子どもらしい眼で見ている。教師の考えで進めるより、子どもの関心や興味を窓口にした方が上手くいく。そして、教師は（子どもたちに）入っていく感じで、その思いをキャッチできるかどうかが大切である。教師の思いから『子どもの関心が外れる』という考えがそもそも間違っていると。（当時）そんな話を長岡先生はされていた覚えがあります。子どもの一人ひとりを大切にしていて、いかにも長岡先生らしい」

とお話をしてくださいました。

自分の考えを述べ、発表についての質問を受け、話し合いが進む。ここで自己が確立すると同時に相互の理解と結びつきが強化される。また、生活を見つめる目を磨き、みんなで学ぶ方法を開拓する。そして、生きる喜びにひたり、学習の基本を自得する。

写真 3-3　尾石忠正さん

1944 年岐阜県生まれ。岐阜大学を卒業後，岐阜県公立小学校教諭になり，1974（昭和 49）年から 1987（昭和 62 年）の 13 年間，奈良女子大学附属小学校に勤務した。その後，岐阜県公立小中学校教諭に戻り，岐阜県内の校長を歴任した。（2024 年 3 月 24 日にインタビューを実施）

（長岡文雄「子どもにとって楽しい学級とは」『学習指導研修』教育開発研究所、一九八三年）

表現し、質問し合えるクラス、そしてそのための場づくりはすぐにはできないものです。しかし、子どもたちの「表現したい」という願いを捉え、興味関心をキャッチする構えを作ることが大切だと言えるでしょう。

「真剣な共同追究」のある学級

子どもたちにとって、「いのちの場所」とも言えるような、自分たちの切実な問題の解決を保障するような共同追究の場があるとき、子どもたちの学級に対する楽しさは最高潮となる。

（長岡文雄「子どもにとって楽しい学級とは」『学習指導研修』教育開発研究所、一九八三年）

長岡の実践に、『料金箱の言い合い』があります。

当時のバスに料金箱ができたことは、運転手さんにとっ

写真 3-4　奈良女子大学文学部附属小学校の研究会の様子（横山ひろみ氏提供）

て良いことかどうか。
ある子は、これは良いことだとし、みんなからの反論を受けても意見を変えません。「料金箱の言い合い」として、泣きながらも話し合った子の話をよく取り上げています。白熱し、授業時間を過ぎても続く、日常生活までつながるような話し合いの姿勢を長岡はとても好みました。子どもたちが真剣にそして身を乗り出して話し合うことができる共同追究の場をつくっていくことは子どもたちの生きがいにつながるといえます。
このように、子どもたちが「言い合える」場を考えることが大切です。夢中で話し合い、言い合えることは学級に対する楽しさが深まるといえるでしょう。

ユーモアのある学級

真剣になれるからユーモアも湧いてくる。ユーモアのある学習は、困難な苦しい学習にも耐えて乗り切る。それに、学級のひょうきん者が気分をもりあげる。

（長岡文雄「子どもにとって楽しい学級とは」『学習指導研修』教育開発研究所、一九八三年）

長岡に影響を受けた有田和正もユーモアが大切であると考え、様々な実践を行い、多くの先生に影響を与えました。

ユーモアは心の余裕から生まれるものだと思います。

教え子の太田さん、谷口さん、そしてもう一人のお友達を加えた三人は一年生の頃、様々なことに興味を持ち、たくさん道草をしました。

しかし、そこで興味を持って調べ、伝えたことを長岡はとてもほめてくれたと語っています。

今の学校で一番大切なことはユーモアであるとも思っています。

ただ怒るだけではなく、諭したり、ユーモアを持って接したりすることで、子どもにとって腑に落ちることは多くあると考えます。

そして、そこには、長岡が述べるように、

「真剣さ」

も必要になります。真剣さがあってこそのユーモアと言えるでしょう。

「ユーモアを教室に」

を合言葉にしたいものです。

ちなみに、長岡の教え子の方にたずねると、悪さをして叱られても、

「どんな感じだったか」

と最後にはユーモアたっぷりに聞いてきたと話してくださいました。

写真 3-5　子どもの発表を聞く長岡（横山ひろみ氏提供）

「つくり出す活動」をもつ学級

谷口さんが強く思い出に残っているのが、「洗濯機をつくる」授業でした。谷口さんは一年生から三年生が長岡学級でしたので、低学年の中で行われた実践だと思われます。

昭和四十年代半ばまでの洗濯機は、洗いとすすぎだけをする一槽式が主流であり、脱水はハンドルでローラーを回し洗濯物を挟んで絞るものでした。

「その洗濯機（の模型）をつくってみよう」

という授業だったそうです。

長岡は、谷口さんたちのところにやって来て、

「さあ、どうしたらいい（ハンドルをつくれる）と思う」

と促し、子どもたちが考えてつくったものをほめてくれたとお話になられました。

長岡は、低学年において、こうした「ごっこ遊び」を通した実践を展開しました。詳しくは次章で紹介していきますが、こうした「ごっこ遊び」から学びを深めようとする背景には、

ローラー式洗濯機

生まれて幼稚園や小学校にはいるまでの子どもは、その生活のほとんどが遊びの生活である。彼らは、遊びを通して人生を学んでいるのである。遊びこそが学習の場なのである。したがって、この時期に熱中して遊べない子どもは、十分な成長がなしとげられない。

（長岡文雄「社会科の学習形態（二）ごっこ活動（上）」『考える子ども』五十一号、四七頁）

という長岡の子ども観が強く反映されています。

こうした活動を通して、子どもたちは、自分たちの生活に対して詳しく考えることができるようになり、遊びと学びが一体となっていきます。子どもたちは、夢中でごっこ遊びをすることを通して、社会の出来事に関心を持つことができるようになります。

写真 3-6：かかしをつくる子どもたち（横山ひろみ氏提供）

学級として記念塔を建てるような、建設的なプロジェクトをもつ学級は楽しみに湧く。

（長岡文雄「子どもにとって楽しい学級とは」『学習指導研修』教育開発研究所、一九八三年）

として、栽培や料理、文集、学芸発表、体育試合そして、かかし作りなど、様々な取り組みを尊重したいと述べていました。こうした「つくりだす」活動は、学級を活発にすると言えるでしょう。

係活動に個性を生かせる学級

「係というと、やはり給食係を思い出します。六名くらいがその週を担当したように思います。男子も女子も、白い頭巾をかぶりマスクをして、四時間目終了後、給食室へみんなの分をもらいに行き、教室でみんなの分を配りました。皆で一緒に食べました。長岡先生もいつも一緒に食べておられました。アメリカの脱脂粉乳は苦手な人もいました。そのあと再び給食室へ食器などを返しに行きました。

六年生になると、入学早々の一年生の組へ行き、一年生の給食も手伝いました。急にお兄さんお姉さんになったような気分でした。ですから、六年生と一年生は特別のつながりが出来たように思います。あと係は、中庭のアヒルの世話係、植物の水やり係、朝の会の係や終わりの会の係などがあったように思います」

と高学年の時、長岡が担任だった松森さんは、係の思い出をこのように振り返っておられます。

係活動、役割の仕事に個性を発揮し合える学級は楽しい学級である。どの子どもも、特技を生かして創造的に仕事を進めると、「君がいてくれるので助かる」と言われる存在となり、生きがいをもつ。

（長岡文雄「子どもにとって楽しい学級とは」『学習指導研修』教育開発研究所、一九八三年）

係活動で大切なこと。

それは、

「君がいてくれて助かる」

という「居場所をつくること」だと長岡から学びました。

そして、松森さんが述べているような「特別なつながり」が生まれることは、長岡が大切にしている「いきがい」を持つことにつながります。それが、係活動でも大きく反映されていると言えるでしょう。

教師に誠意と温かさがある学級

教師は、教師ぶらず、明るいのがよい。子どもがかわいく感じられ、子どもに驚ける教師でありたい。誠意をもっ

写真 3-7　学習の様子を眺める長岡（横山ひろみ氏提供）

て、人間として子どもと生きられる教師のもとで、子どもたちは、心の扉をひらき、本音を出す。そして、教師とともに明日に向かう。

失敗してしょげている子どもには、「失敗は誰にでもあるものだ」と元気づけ、「自分は勉強できないと思い込んでいる子どもには、「おまえができないはずはない」と励ますことのできる教師がよい。叱っても、カラッとしていて、「やるときはやろう」と言える教師がよい。

（長岡文雄「子どもにとって楽しい学級とは」『学習指導研修』教育開発研究所、一九八三年）

子どもに驚くこと、そして、子どもと共に歩むこと。誠意を持って子どもと一緒に生きていこうとする姿勢は学級づくりに欠かせない姿勢と言えます。この共に歩もうとする姿勢が子どもたちの心の扉を開くことにつながります。

第四章　学級びらきのコツは子ども理解から

まず子どもの良さに気づいてみよう

学級びらきとなると、

「あれもしなくていけない」

「これも大切だ」

と色々と考えてしまいます。四月の初めに学級びらきについての本を買ってしまう先生は、私だけではないと思います。本書もそうした意識で読まれている方もいらっしゃるかもしれません。

私が初任教員や若い頃は、そうした、学級びらきの前にいろいろしたいこと、やりたいことが多すぎて疲れてしまい、上手くいかなかったことがたくさんあります。たくさんの失敗から、自分の中で、軽重をつけることや何が大切か、ポイントを絞ることを学びました。

四月一日から短い期間で、たくさんの会議をしながら、子どもに関する書類を整え、教室を準備し、あっという間に新学期を迎えます。異動があった先生は時間も少なく、慣れない環境で、四月はじめの仕事に苦労することも少なくありません。

そうしている間に、始業式で担任の発表があり、教室で、担任からの第一声。

自己紹介やゲーム、中には、少し授業をする方もいます。明るく、楽しい学級をスタートさせようという意識と共に、毅然たる態度でルールをしっかり伝えたいと考える先生もいらっしゃるかもしれません。忙しい中で本当にたくさんの仕事をこなす必要があります。

以前、学級づくりについて考えた時に、

①　目標づくり

②　ルールづくり

③　当番などのシステムづくり

④　関係づくり

⑤　教室文化づくり

と学級づくりには、五つの視点があると考えました。

学級びらきについても、

①　学級目標づくり

②　クラスのルールづくり

③　日直や係決め

④　子どもとの関係づくり、子ども同士の関係づくり

⑤　掲示などの教室整備やクラス遊びなどの文化活動

関係づくりと、やはり、大きく五つの仕事があることに気づきました。

大学を卒業後、学級びらきに関する五つの視点の中で、①②③、つまり、ルールづくりやシステムづくりに意識が向いていました。しかし、最近では、④

④関係づくり

つまり、子どもの良さを見つける

ことに一番の重点をかけています。

何としても、教師は、子どもが話しかけるのを楽しむ教師になるべきであり、また、明日、子どもと話すのを待ちこがれるような教師でありたい。

（長岡文雄『子どもの力を育てる筋道』黎明書房、三一頁）

という長岡の一文があります。私が好きなこの一文は、学級びらきの時に特に大切にしたいものです。そのため、できるだけ話したり、子どもの良さを見つけたりするように心がけています。その中で、私が若い頃からずっと続けている取り組みがあります。

カルテをつくって、子どもの良さをメモしよう

その取り組みは、カルテをつくって、子どもたちの良さを書き込むというものです。

長岡が、

私は、気づいたことを、何なりと、子どものカルテに記入していく。話しかけてきた話題、遊びの様子、学習中のおもしろい反応などである。とくにハッとしたことや、おかしいと疑問を感じたことなどは必ずメモをする。そこには、その子どもを深く追い求めて、理解を新しくしていくカギがふくまれているからである。私の目は、そこを契機として、その子どもに深くつきささっていくのである。子どもは、霧の中から船が見えてくるように、だんだん姿をあらわにしてくる。しかしどこまで近づいてきても、見えつかくれつしていて、正体を見きわめることは不可能である。ときによって見え具合がちがうので、全体的、統一的に、その子をとらえるのにたえず迷うのである。

（長岡文雄『子どもの力を育てる筋道』黎明書房、二八頁）

と、子どものカルテに気づいたことを書き込むことの大切さを述べています。ただし、このカルテはどのような形式でも構いません。机列表でも名簿でも構いません。私は、その都度、状況に応じていろいろ試行錯誤しながら、子どもの良いところをメモしていきます。

もちろん、課題や問題点も目に入ってきます。

しかし、あえて、子どもの良いところをたくさんメモするようにしています。

そうすると、子どもたちの良さが見えてきて、自分自身、子どもたちが好きになっていく感覚になります。

多くの学級びらきに関する本は、基本的に、子どもたちの意識を教師の側に向かせ、少し意地悪な言葉で言えば、教師の描いたレールに載せていくものがほとんどです。私自身もそうした本を書いたことがあります。

私は、このことを否定はしません。若い先生のみならず、多くの先生にとっては、子どもたちに振り向いてもらい、一緒にクラスづくりに参加してもらわないと、学級経営は、どうにもこうにもできなくなってしまうところがあります。ですから、全てが悪いと否定するわけではありません。

しかし、重要なことは、それだけではない、その先が大切であると考えました。そして、その先とは、子どもたちをまず知ろうとすること。そのように考えるようになりました。

カルテに書いていくと見えないものが見える

カルテに子どもの良さやちょっとしたメモを書いていくと、なかなかメモが書けない子がいることに気づくようになります。よく手を挙げる子、勉強ができる子ややんちゃな子、困った子の方が良さは意外と見つかるものです。長岡も、

一番先におぼえる子どもは、やはり、ガサガサして、みんなに迷惑をかけそうな子どもである。学級としての秩序を乱しそうな子どもである。みんなから離れている子どもが目にはいる。もちろん、よく発言して学習をリードしそうな子どもも視野にはいる。

（長岡文雄『子どもの力を育てる筋道』黎明書房、二八頁）

と述べているように、「気にならない」「目に入らない」子への意識がなくなってしまうことはあります。

多くの学級づくりに関する本は、どちらかと言えば、気になる子、迷惑をかける子に対して、どのようにアプローチするかについてです。もちろん、それは大切なことです。しかし、長岡文雄という実践者の凄みは、学級が始まった時に、子どもたちの様子をさぐりつつ、まず、目立たない子

と、気にかからない子を意識して見ることを大切にしている所にあります。

子どもの顔は、決して教師の脳裏に平等に焼き付いてはこない。私は、担任したら、毎日、おぼえた子どもの名前をノートに記したり、座席表に印したりしていくが、きわめて濃淡がある。人間のいとなみであるから当然なことである。

いつまでも名前が出てこない子どもがあると「申しわけがない」と思う。同時に「そのことを本人に知られずにすんでよかった」と胸をなでるのである。「どうしておぼえにくいのか」と、まず考えてみるのである。私は「一番おぼえにくい子はどの子かな」と、最初から構えて子どもを見るように、努めて自分の弱点のカバーをしている。

（長岡文雄『子どもの力を育てる筋道』黎明書房、二七頁）

と、常に子どもを見続けることの大切さを説いています。教師も人ですから、子どもの見方にはその人の癖がある、ということを長岡は教えてくれます。その癖を知り、その見えにくくなっている弱点を補いつつ、どの子も見ることができるように意識することはとても大切なことだと言えるでしょう。

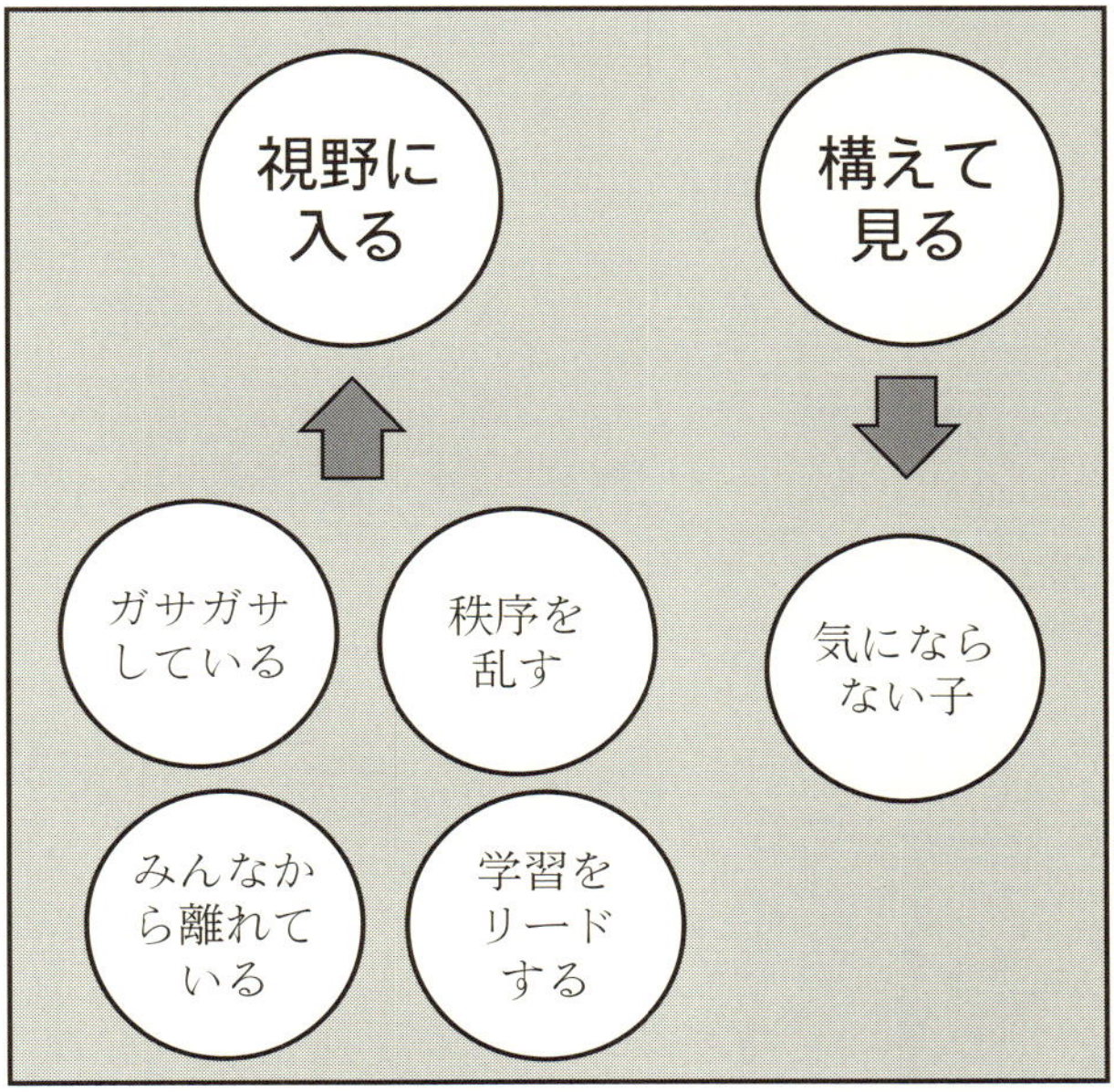

図 4-1　「教師の意識」（『子どもの力を育てる道筋』黎明書房（筆者作成））

信頼こそ、子どもを育てる

では、なぜ、長岡は、学級びらきから数か月、あえて「気にならない子」を意識しながら子どもを見続けようとするのでしょうか。

それは、

> 子どもを育てる筋道の第一歩は、教師が子どもの名前や性質、いわゆる知的学力などを知ることであるとしても、それを支える、より根底的なものを見おとしてはならない。
>
> それは、「育てるに値いする」「学ぶに値いする」教師と子どもの人間としてのつながりができることである。これは、「つくる」といって、理屈ぜめにしてもできるものではない。それ

は「感じ合う」ものであり、「湧いてくる」ものである。

（長岡文雄『子どもの力を育てる筋道』黎明書房、二八頁）

と述べているように、子どもを理解しようとすることで、人としてのつながりを生み出すことを大切にしているからだと考えています。一人ひとりを大切にすることは、一人ひとりに関心や興味を向けること、その人の存在を感じようとすることです。ぜひ、若い先生は、クラスであまり関わりがない子、よく話さない子はどんな子か意識して見てください。そうした「感じる」力を高めることは、人にしかできないことではないかと考えています。

また、こうした感じる力は、経験は必ずしも関係しない場合があります。長岡は、若い先生や教え方が上手くなくても子どもたちから人気のある先生を例えに、次のように述べています。

「教え方は下手のようだが子どもにはすかれている」という教師がある。生徒におべっかを使って、甘やかしてすかれようとする教師もないではないが、経験の少ない教師にも、生徒に深くくいこんで教育の実をあげる人がたくさんある。教育技術をはなれて教育はできないが、教育技術だけで人間を育てることはできない。教師は、人間として、自分の全体を賭けて、裸で子どもと体当たりをすることがどうしても必要なのである。

「教育技術をはなれて教育はできないが、教育技術だけで人間を育てることはできない」

（長岡文雄『子どもの力を育てる筋道』黎明書房、二九頁）

このことは、若い先生に伝えたい言葉です。

若い頃、私は、失敗するのがとても嫌でした。今でもその思いはありますが、より顕著だったと思います。

しかし、

上手くできなくてもいい。

失敗してもいい。

ガムシャラに。

そんな思いで、子どもを丁寧に見ようとあきらめずに取り組むこと。その粘り強さが、自分のメンタルを鍛えていくような気がします。

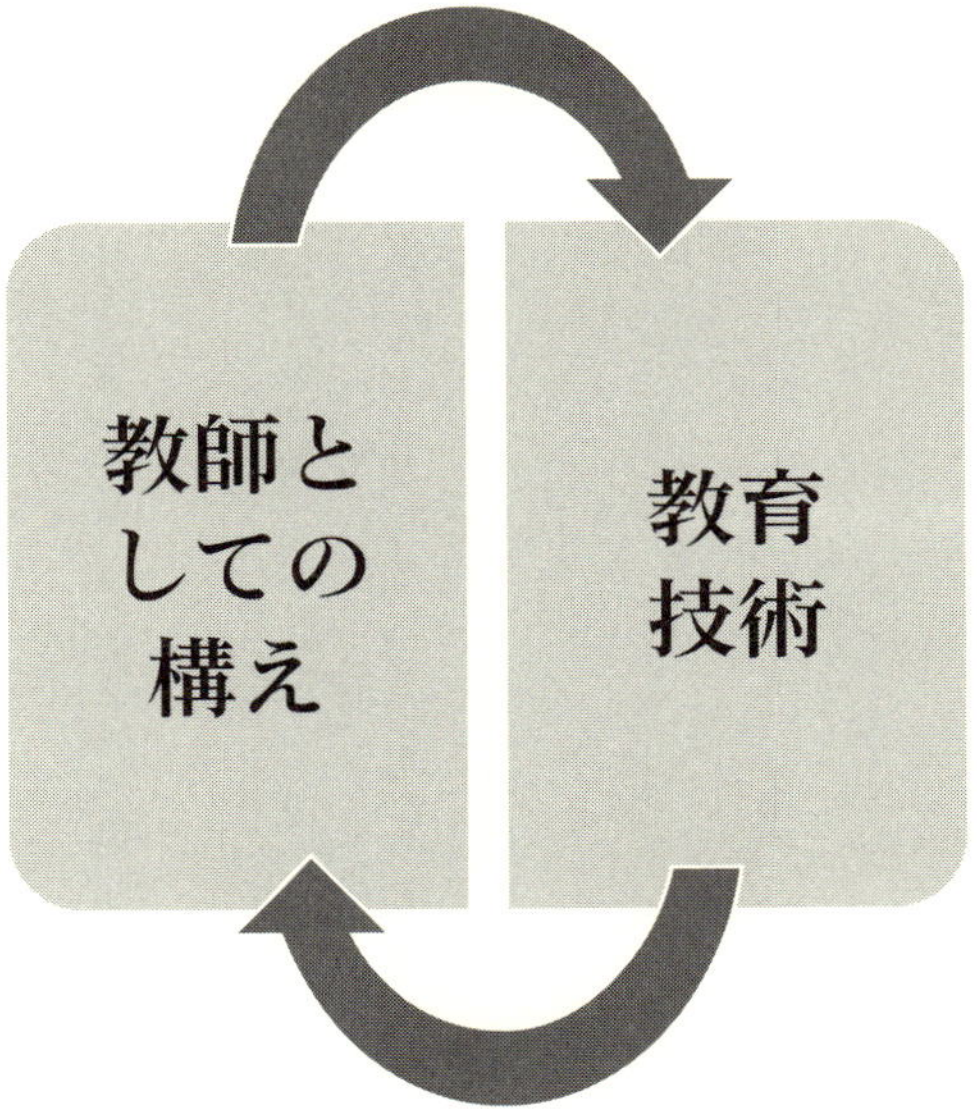

図 4-2　構えと教育技術（筆者作成）

する。そして、その良さに気づく。すぐにできなくても、い繰り返しが、一年間の信頼関係につながります。

ぜひ、子どもたちの良いところを思い出してみましょう。そして、メモをしてみましょう。そうすると、子どもたちの新しい一面に出会うことができます。

安心感のある学級にするために

長岡は、子どもの育つ筋道をみつけるためにも、子どもの育つためにも必要なことは、心おきなく、自己を表出できることである（『子どもの力を育てる筋道』一二八―四一頁）として、

・心おきなく話せるようにすること
・形式ばらないこと
・恥をかかせないようにすること
・発表を生み出す仲間関係を生み出すこと
・豊かな表現の場をつくること
・「わたし」を問い、「自分を文に書く」
・みんなでつくる学習をめざすこと

を挙げています。これは、安心感のある学級にするための手立てと言えるでしょう。

実際に、教え子の方に、どんな学級だったか尋ねると、

「居心地が良い」

という言葉をよく聞きました。

長岡は、

子どもを育てるはじまりは、その子どもの心の扉を開かせることである。

（長岡文雄『子どもの力を育てる筋道』黎明書房、三〇頁）

と述べ、次のように安心感、自己価値感の大切さを伝えています。

学級担任が変わると、目に見えて、明るい顔になり、よく発表もする子どもに変化することがある。これは、教師と子どもの相性というものにも関係があろうが、何より、「先生は、わたしの気持ちをわかってくれる人だ」「わたしは先生にみとめられている」「先生はわたしの話を楽しんで聞いてくれる」という安心感、自己価値感をもったからである。

こうなれば、春が来て、草木が芽をふくように、子どもは自分を、すなおに表出してくる。子どもを育てようとすれば、「言ってきかせる」「教える」という教師くささをぬぎすてなければならない。まず「よい聞き手」になるということがたいせつである。子どもが話しかけてくることを、まともに聞き、驚くことができなければならない。「まともに聞くまね」「驚くまね」をするぐらいではだめである。ほんとうに子どもと対して驚くことができなければならない。技巧も必要ではあっても、子どもの真実なものにふれるには、教師も原点に立たねばならない。

（長岡文雄『子どもの力を育てる筋道』黎明書房、三〇、三一頁）

と、子どもたちの言葉、話をまず聞くことを大切にしてほしいと述べています。

それは、子どもの言いなりになるということではありません。

給食の時、休み時間の時、帰る時、子どもたちとの話を楽しむ教師になってほしいということではないかと考えています。そして、書いた作文を読むのが楽しいと感じる教師になりたい。

働き方改革や教職希望者が少ない昨今ですが、大切なことは、子どもとの時間を楽しむことだと考えています。

長岡の授業の音声を聞いたことがあります。

二年生のパン工場の授業でした。

「はい、〇〇さん、どうぞ」

「そうか、そうか」

と子どもたちの発言を興味深く聞き、楽しいことがあれば、クラスみんなで

「はははは（笑）」

と一緒に笑う長岡の声を聞きました。

そこには、心から子どもとの時間を楽しそうに「感じる」「味わう」長岡の姿がありました。子どもたちは、二年生。まだまだ、たどたどしくも、「伝えたい」一心で必死に手を挙げて伝えようとする姿が音声からも伝わってきます。

私自身、長岡のように優れた教師ではありません。そのため、ついつい大したことがなくても叱ってしまうこともあります。

しかし、気に留めない子とのちょっとした会話が大きな安心感を与えることにもつながります。授業だから、休み時間だからと分けることも大切ですが、まずは、大きく深呼吸して、ゆったりと構え、ぜひ子どもたちと楽しく話す構えを持つことが大切だと長岡は教えてくれます。

そして、子どものおしゃべりを、話を楽しむ教師であれば、子どもたちは自然と集まってくるでしょう。

若い先生は、学級で苦しくなったら、まずは深呼吸して、ガサガサしている子への対応を考えつつ、気にならない子にもぜひ気を留めてください。そして、何気ないおしゃべりを大切にしてみましょう。

それが学級における先生の信頼度を増してくると言えるでしょう。

第五章　授業で子どもを育てる

学習する意味をもう一度考える

長岡文雄が長年勤めた奈良女子大学附属小学校に伺い、友人の服部真也さんの教室を参観したことがあります。この学校は、他の学校と比べて、とてもユニークなところがあり、例えば、教科中心による時間割ではなく、「しごと」「けいこ」「なかよし」の三つの学習活動から成り立ちます。「しごと」は総合的な学習を、「けいこ」は教科につながる学習を、「なかよし」は学級・学年をこえて学び合います。

服部さんの教室では、教科書の文章から「登場人物の生き方を学びたい」と考えた、子どもたちの発言から、言葉を紡ぎ出すように話し合う「けいこ（国語）」の授業と、自分たちのまち、奈良の観光についてとことん追究していく独自学習とよばれる活動をしていた「しごと」の時間を参観しました。大学生の頃、同校にいらした小幡肇さんの教室で、子どもたちが自分の研究を熱心に語る様子や、参観者の先生がいっぱいで、教室の後ろから背伸びしながら見た国語の先生の授業を思い出しました。私自身、今は、授業の方法だけでなく、子どもたちの様子、関係性、雰囲気も気になるようになりました。服部さんの教室は、

教えるから学ぶ、

教授から学習へ

そんな言葉がぴったりと似合い、何より教室が子どもたちの温かい空気に包まれていました。

私たちは、教師が一方的に教えこむことの対極として、子ども主体の「学習」という言葉を使うことが多くあります。子どもたちによる子どもたちのための学習。そして、そのための方法。書店に行けば、「あなたも学習者主体の授業ができる」といった本が多く並んでいます。学習者が主体、学習者中心という言葉を使えば、全て解決するような風潮もあります。

しかし、本当に私たちは、「学習」という言葉を理解しているのでしょうか。

「学習」や「学習者主体」という言葉だけが展開される授業は、私も行ってしまうことが多くあります。しかし、自分自身を戒めることなく、流行のように取り組むだけでは教師としての成長は生まれないとも思いました。

そこで私があらためて「学習」について学び直そうと思ったのが、長岡文雄という存在でした。

ここで、少し、「学習」の歴史について考えてみましょう。

明治時代の学制から「学校」が生まれます。しかし、そこでは、教師が中心の教えこむ授業が一般的でした。そこに風穴を開けたのが、奈良女子高等師範学校（現在の奈良女子大学附属小学校）の「学習法」の実践でした。この取り組みは、戦前、戦中、戦後、そして現在まで脈々と受け継がれてきました。

真実な意味においての学習は、子どもの主体性に基盤を置く。子どもがいかに動き、いかに考え、いかに生きるか、そのありようこそ、学習の成立する重大な要件である。

（奈良女子大附小学習研究会『学習法の体得』明治図書、一二頁）

戦後、全国の多くの教師は、子どもたちのために学習者が中心となる授業をめざすため、奈良女子大学附属小学校や長岡文雄たちの「学習法」を学んできました。この学習法は、教授法とは対義的であり、「まず、子どもから学びをはじめる」という考えがぴったりです。こうした取り組みを私たちも学ぶことで、「学習」することの本質を学び、授業に活かせるのではないかと考えました。

長岡（一九八四）によれば、「学習」という言葉は、第二次世界大戦後、民主主義の教育を行うことになってから広まったものであり、それ以前の教育書には「教授・訓練・養護」の用語が溢れていました。しかし、戦前であっても、「学習」を正面に掲げ、自由教育を求めた教育者がいまし

木下竹次　奈良女子高等師範学校附属小学校主事（校長）

直接的な関わりはないが，長岡文雄が最も影響を受けた一人。子どもたち学習者を正面で構えた「学習法」を主事（校長）として進め，昭和 15 年に退職するまで実践を進めた。[i]

1872 年（明治 5 年）　福井県に生まれる。
1893 年（明治 26 年）福井県尋常師範学校卒業（21 歳）
1898 年（明治 31 年）東京高等師範学校文科卒業（26 歳）
　奈良師範学校教諭兼附属小学校主事
1900 年（明治 33 年）富山県師範学校教諭兼附属小学校主事（28 歳）
1904 年（明治 37 年）鹿児島県師範学校教諭（32 歳）
1910 年（明治 43 年）鹿児島県女子師範学校長（38 歳）
　鹿児島県幼稚園長　鹿児島県立第二高等女学校長
1916 年（大正 6 年）　京都女子師範学校長　京都府地方視学兼任（46 歳）
1917 年（大正 7 年）　京都府立桃山高等女学校長（47 歳）
1919 年（大正 8 年）　奈良女子高等師範学校教授　同師範学校附属実科高等女学校主事
　奈良女子高等師範学校附属小学校主事（48 歳）
1940 年（昭和 15 年）奈良女子高等師範学校附属小学校主事を退職（68 歳）
1946 年（昭和 21 年）亡くなる（74 歳）

長岡によれば，「戦前の奈良は，日本の教育のメッカとしてアメリカにも知られていたし，キルパトリックやオシュバーンなど，かつて，第二代主事木下竹次先生を訪れ，親交があった」[ii]とされている。また，ジョン・デューイの考えに共感し，ドイツの教育にも影響を受けていた。ドルトンプラン（長岡はダルトンプランと記している）にも関心をもっていて，創始者のヘレン・パーカーストが大正 13 年に来日したときには奈良にも迎えている。ドルトンプランとは，1908 年，パーカーストが生み出した教育法であり，一人ひとりの能力，要求に応じて学習課題と場所を選び，自主的に学習を進めることのできる「ドルトン実験室案（Dalton Laboratory Plan）」を提唱していた。[iii]

長岡曰く，木下と奈良女の実践は「国産」であるという。しかし，その実践は世界の教育界に通じたものであり，パーカーストは奈良を訪れ，その進歩性に驚いたという。特設学習時間の性格はドルトンプランと共通する面は多かった。[iv]ちなみに，ドルトンプランは，戦後，河合塾を通して，日本でも学校が生まれ，現在は，「ドルトン東京学園」が創立されている。

参考文献

[i] 横山ひろみ（2012）「奈良女子高等師範学校附属小学校の創世期教育とその歩み（2）」神戸親和女子大学教育研究センター紀要　第 8 号
[ii] 長岡文雄（1991）「私の歩んだ道（6）―民主主義教育出発の時代」『考える子ども』社会科の初志をつらぬく会
[iii] 河合塾「ドルトンプランについて」https://www.dalton-school.ed.jp　閲覧（2023 年 11 月 24 日）
[iv] 長岡文雄（1984）『学習法の源流　木下竹次の学校経営』（黎明書房）なお，原文は，『学習研究』（複製再版）臨川書店（1977）に掲載

木下竹次について（著者作成）

た。

それが木下竹次でした。長岡は小学校教員を退職後、大学教員として勤めた際には木下の研究を精力的に行い、学会での発表報告や書籍を残しています。長岡文雄にとって、木下竹次は生涯に渡るキーパーソンでした。

現在、多くの小学校（または中学校）において、自主学習や自学ノートといった学習や調べ学習も含めた自学主義に基づく学習が行われています。自律調整学習や自由進度学習といった学習方法も盛んです。しかし、その源流は、長岡も述べているように、教授・訓練・養護と分けていた「教授法」を学習者である子どもたちの側から「学習法」とした木下をはじめとする大正自由教育の実践者たちではないでしょうか。私たちの実践は、真に子どもたちが主役（主体）となっているか、そのことを考えなくてはいけません。

では、長岡は、どのように、学習者主体となる教育実践を行ったのでしょうか。

学習法をつくる

長岡は、子どもたち一人ひとりが自らの学習法を確立することをめざしました。そして、子どもたちは、ひとりひとりが、自分らしく生きていくことをねがっている。学習のし方というものは、ひとりひとりによって微妙にちがっているが、それは、その子どもの個性的な生き方にかかわっている。

（長岡文雄『子どもの力を育てる筋道』黎明書房、一八頁）

と述べています。第三章でも少し紹介しましたが、長岡の実践は、教え子の松森さんが、

「長岡先生は、子どもだから、ということではなく、ひとりの人間として子どもをみておられた。子どもでもしっかり考えさせた。たとえば、このような仕事で生活は成り立つのだろうか、とか、そういう視点でも、その地域の産業を見させた。また一枚のその地域の写真をみて、しっかり観察させた。一枚の地図を見て、その地域の生活が浮かび上がるように、地図をしっかり見ることが大事だと教えられた。

そういう視点は、後年大人になって、自分の仕事、商売、あるいは商店街作り、まちづくりにもつながるものであり、子どもの時も、大人になってからも、視点は同じだ、子どもの時から、こうあったら良いとか、こうあるべきだと考えたことは大人になってからも通用する、同じようなものごと作り、企画づくり実践を子どもの時から学んでいたように思います。

一九八八年、わたしが店を改装するときに、今私がしていることは子どもの時に学んだこと

と同じですねと、長岡先生に語ったところ、その通りだ、と言われました。そのあたりが、わたしの長岡先生の教育で印象に残っていることです」

と語っているように、自ら道を切り開いていく、自分なりの学び方を大切にしていることが窺えます。

白熱する討論をつくる

第三章でも触れましたが、長岡の実践として、「料金箱の言い合い」というものがあります。

この授業は、二年生の「バスで働く人」の学習の中で起こった、三日間にわたる論争です。

当時のバスに新しくベルトコンベアー式の料金箱が導入されたことがこの活動のきっかけでした。この料金箱によって、運転士の仕事が変化、両替をお客さんがすることになり、料金の受け取りをベルトコンベアーに任せればよくなりました。そこで、長岡学級の上田くんが「これはいいことだ」と考え、クラスで取り上げたことから学習が始まります。

上田くんの思いとは裏腹にその意見はクラスの反対に合います。

・今までのやり方で十分できることだ。

・人間がやれるしごとは、できるだけ人間がやり、人間がやれないことだけを機械にやらせるほうがよい。
・人間は苦労して働いてこそねうちがある。先生も苦労してやった研究をほめるではないか。
・運転士は、苦労するのがしごとだ。
・機械を使うと、人間がだらけて自然のよさがだめになる。年寄りの運転士ならしかたがない。
・機械は故障するからこまる。
・お客さんのやるしごとをふやすのはいけない。

このような意見が出て、二年生の上田くんは泣き出してしまいながらも、みんなを説得しようと力説します。（参考『子どもの力を育てる筋道』黎明書房、一三〇頁）

こうした論争が成立した要因として、長岡の考えをまとめると、

① 子どもが引きよせた教材であった。
② 社会の中で新しいものが現れ、興味関心が高かった。
③ 子どもが直接手で関わりを持つことができる。
④ 実際に子ども自身も運転手と関わりを持つことができる要に当たるものである。
⑤ 新旧の比較ができる。一利一害のようで、評価がゆれ動く。
⑥ 変化によって、社会のあり方（ここでは、運転士の労働のあり方）にも変化があらわれる。
⑦ 提案した子が、自分の立場を明確に最後まで粘った。
⑧ 実際に、模型を作り、視覚化されるとともに、その考えはだんだん説得力をもった。

（参考、長岡文雄『若い社会科の先生へ』黎明書房、五六、五七頁）

であり、「古い料金箱の方だと、なるほど二つの仕事があってむずかしい」という理解者も現れ、学習は質的に深まりを得ました。

授業は、まったく生きものである。計画しきれない。しかし、それは計画が不要だというものではない。実のある論争が生まれるには、それなりの条件が整っていなければならないことは事実である。

子ども自身が、「論争を生む学習を求め、論争のたねをさがしていく」ような学習法を身につけていくように支援していきたい。

教師の学習観、指導観が変化しなければ、このような学習法は育ちにくい。

（長岡文雄『子どもの力を育てる筋道』黎明書房、一三七、一三八頁）

と述べています。こうした実践記録を読んでから、私の中で授業に対する考え方が変わりました。授業をする中で、「論争を生み出すものはないか」と授業の中で常に探すようになったのです。

例えば、市の子育て支援センターと政治のあり方について学んだ六年生の授業では、税金の使い

方について、

「もっと支援センターへの予算を少なくできないか」

といった子どもの発言から、

「このままでいいと思う」

「いや、もっと減らすべきだ」

と話し合うことがありました。

以前であれば、こちらが準備したものを調べさせ、その意義について考えを述べたり、書いたりするような授業を考えていたかもしれません。しかし、最近では、実際の予算を調べて、「もっと予算を減らせることができないか」といった子どもたちが考えた素朴な問いを活かして、それを授業に活かそうと考えるようになりました。

つまり、問いづくりに対して、教師から子どもに促すというより、子どもたちから出てきた問いを教師が生かすというようなイメージも加わりました。もちろん、こうした話し合いになるには、こちらの教材研究も必要であり、子どもたちの授業をイメージしながら準備を進めていくことが必要になります。

ちなみに、私のクラスの子どもたちは、こうした話し合いを「言い合い」と表現します。

毎回、白熱した授業というわけではありませんが、こうした話し合いは、国語などの他の教科でも少しずつ生み出させるようになりました。まさに、「子ども自身が、『論争を生む学習を求め、論争のたねをさがしていく』ような学習法」をまずは、教師である私が学ぶようになりました。

こうした論争を生む学習になると、子どもたちの話したい気持ち、そして、調べたい意欲は意志や意味が生まれるので一人の学びにも力が入ります。こうした子どもたちが学びたい、話したいという場をつくっていくことが大切だと考えています。

「先生、今日の言い合い、面白かったね」

そう子どもに言ってもらえると嬉しくなります。

子どもたちと学びを深める

苅宿俊文は、「できる」「わかる」「分かち合う」の三つの学習観が存在すると言います。

それは、

・「できる」ことを重視した学習観（行動主義学習観）
・「わかる」ことを重視した学習観（認知主義学習観）
・「分かち合う」ことを重視した学習観（社会構成主義学習観）

（苅宿俊文・佐伯胖・高木光太郎『ワークショップと学び　1まなびを学ぶ』東京大学出版会、七六―八〇頁）

苅宿（二〇一二）によれば、

「ドリル学習のように、学習を『刺激と反応』のむすびつきを『強化』することととらえるのが行動主義学習観」であり、学習の結果は「できる」ようになること。

「『そうだったんだ』という納得感のように『理解（わかること）』を通した『知識の獲得』が認知主義的学習観」であり、学習の結果は「わかる」ようになること。

とし、受験も重ねて、「学校教育の学習観として、私たちの『学習』に対するイメージに強固に刷り込まれてきている。私たちの学習の主流は、『できること』と『わかること』である」（苅宿二〇一二）と述べています。

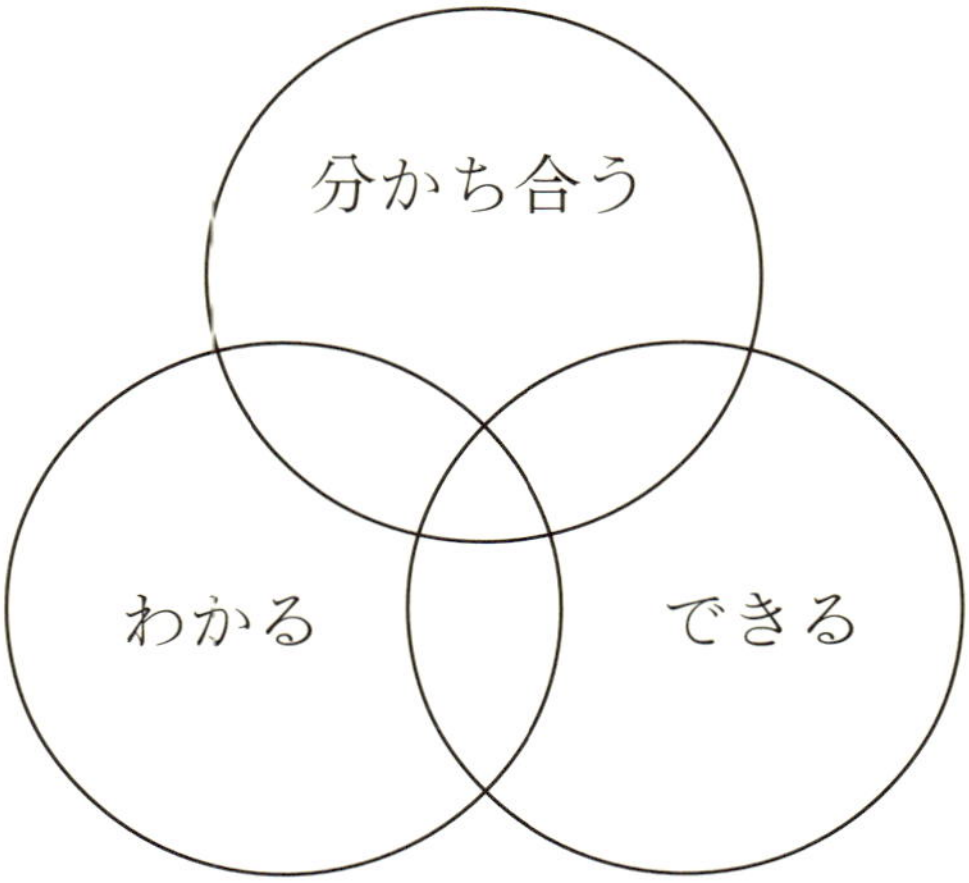

図５－１　苅宿（2012）による３つの学習観（著者作成）

確かに、「勉強」と聞くと、答えを覚えてテストで百点を取る、ドリルを繰り返し覚えるといったイメージ（行動主義学習観）や分数の割り算を解くことができる、「なるほど」と理解するようなイメージ（認知主義学習観）は、多くの方が持っているものと言えます。

一方、「できる」ことや「わかる」ことだけでは、今後、ロボットやＡＩでも可能ですし、社会で問題に出会ったときに、解決できないのではないかと考えることがあります。その流れは世界的な傾向であり、「キー・コンピテンシー」や「エージェンシー」、「二十一世紀型スキル」のように、知識内容の習得から、「資質・能力」の育成にシフトしています。奈須（二〇一七）が「教育に関する主要な問いを『何を知っているか』から『何ができるか』、より詳しくいえば、『どのような問題を現に成し遂げるか』へと転換させると述べているように、知識を周りの仲間と協力し、意味づけ、問題を解決していくことがこれから特に求められています。（奈須正裕『「資質・能力」と学びのメカニズム』東洋館出版、三六、三七頁）

そうした背景から、多くの学校現場で求められるようになったのが、実社会の学習で主流となる社会構成主義の学習観です。

西城（二〇一二）によれば、社会構成主義の学びとは、「学習者が知識を構築していく過程」とし、「知識とはおよそ一人で黙々と獲得されるものではなく、状況の中で、「周囲の学習者と相互に交わりあいながら獲得が進む」ものであると捉えます。そのため、「着実に意味づけがなされるような協同的議論（社会的な営み）により、知識を咀嚼し、一般化し、自らの知識体系を再構築し続けることこそが学びである」と認

	行動主義学習観	認知主義学習観	社会構成主義学習観
学習のとらえ方	「刺激と反応」のむすびつきを「強化」すること	「理解（わかること）」を通した「知識の獲得」	他者と知識を分かち合う状況，プロセスを学ぶ
学習者の範囲	個人	個人	共同体の中にいる個人
学習者の感覚	できた！覚えた！（達成感）	そうだったんだ（納得感）	そうなんだ（他者理解と合意形成）
学習方法の軸	ドリル学習などの反復・暗記	説明，理解	協働・参加
結果	できるようになること	わかるようになること	分かち合えるようになること

表5-1　学習観の分類（苅宿 2012）や（西城 2012）を参考に著者作成

識されています。（西城卓也「行動主義から構成主義」『医学教育』）

つまり、「知識の獲得が目的ではなく、他者と知識を『分かち合っている』状況、プロセスを学習としてとらえる」ことであり、「協働」がポイントとなり、学習の結果は、「分かち合う」ようになること、だと言えます。（苅宿、二〇一二、八〇頁）

表にすると右頁のようになると私は考えました。

社会的構成主義学習観は、苅宿のように「知識の獲得が目的ではない」と断言してしまうと、学校現場では、知識を獲得することも大きな目的のため、批判を受けることもあるかもしれません。

しかし、苅宿が述べているように、

・「何のため」、「なぜやるのか」という目的とプロセスの共有

・多様なズレや行き違いを重要な結節点として問題を解決していくことを通して、合意形成や、双方が納得できる取り組み、そのための協働を子どもたちが身につけていくことは、社会に出てから大きな力になります。資質や能力の育成からみても、このことは、大きな柱になるので、この学習への考えは有効だと言えるでしょう。

それは、長岡が松森さんたちに教え続けた「こうあったら良いとか、こうあるべきだと考えたこと」（松森さん）と同じだと言えると考えます。自分が学んだこと、知ったことを「分かち合う」という学びは、子どもたちが生き方としての学びへ向かう力と重なる部分だと考えています。

もちろん、「できる」「わかる」学びも大切です。漢字の学習で、長岡文雄に「とめ、はらい」を

丁寧に教えてもらったと教え子の方が述べています。覚えることや納得することが中心の個人の学びに加え、仲間と協働して、学習を「意味づけていく学び」も大切であるということです。

では、子どもたちと「分かる」「できる」も大切にしながら、「分かち合う」学習ができるようにするにはどうすればよいでしょうか。そこで長岡の実践である「ポストとゆうびんやさん」を元に考えてみましょう。

ポストとゆうびんやさんの授業

これは、二年生の長岡学級で行われたもので、社会科の実践家として有名な有田和正が若い頃参観したものです。有田は、後世、この参観を見てとても驚き、長岡に師事したと述べています。有田は指導の記録を次のように残していました。

Aグループは「屋根がくっついてないポスト」、Bグループは「投かん口の上のひさしのないポスト」、Cグループは「収集時刻のないポスト」、Dグループは「鍵穴を忘れたポスト」、Eグループは「ポストの中が斜めになっていないポスト」……というように、それぞれみんな何らかの「欠陥のあるポスト」であった。

これらの欠陥ポストを使っての発表である。そして、欠陥があると「どのように困るか」を

表5-2　有田（2011）の記録による長岡の授業計画
（有田の記述をもとに著者作成）

2年星組　しごと

指導者　長岡文雄（二年星組教官）

主題　　　ポストとゆうびんやさん

指導目標　ポストを中心にして，郵便の重要さに気づかせながら，郵便をたいせつに預かっておくりとどけてくれている“ゆうびんやさん”の仕事ぶりを追究させる。

指導計画と学習の深化（省略）

<第1時の学習活動>	<指導の要点>
○グループで作ったポストの模型について発表し，くらべ合う。 ○ポストで，うまく考えてつくってあると思うところをみつけて，そのわけを話し合う。	○ポストの模型をつくるうちに本物のポストをどのくらい観察できたかをたしかめる。 ○くらべる間に，ポストの事実を問題とさせる。 ○ポストの構造から，ポストの役わりを考えていかせ，郵便の重要さと，それを預かる仕事のくふうに気付かせる。
○ポストをあけるゆうびんやさんのまねをする。	○「ゆうびんやさんの仕事を実際について見ないとだめだ。よし見よう。」と思わせる。
<第2時の学習活動>	<指導の要点>
○ポストをあけるゆうびんやさんのまねをする。	○見とどけて観察したことをもとにして，げき化させ，きのうとのちがいを発見させる。
○ゆうびんやさんの仕事のようすで気づいたことを話し合う。	○本ものを見て，新しく発見したことや考えたことを述べ合わせる。
○ゆうびんやさんのしごとのめあてを考え合い，事件の話を聞く。	○ゆうびんやさんが，いつも心のそこで気をつけていることを考えさせる。

考えていくのである。
だから、教科書や参考書にあるような一般的なことをいう子どもは一人もいない。みんな、自分の体験にもとづいたものばかりで、実にユニークな発言で、わたしはゆさぶられっぱなしであった。

（有田和正『有田和正の授業力アップ入門―授業がうまくなる十二章―』明治図書、三四頁）

とし、有田の中で今までの授業観が揺さぶられた瞬間でした。

有田は続けて次のように述べています。

わたしは、それまで教材や資料は完全なものでなければだめだと思っていた。もちろん、子どもたちがまとめる完全なもの、正しい内容にするように教師が手を加えなければならないと考えていた。
不完全さは目につきやすい。それを発見させて、どうしたら完全なもの、本物のポストのようになるか考えさせることが、子どもの思考のすじ道からしても自然であることに気づいた。

（有田和正『有田和正の授業力アップ入門―授業がうまくなる十二章―』明治図書、三四頁）

とし、完全な教材を子どもへ与える教材観から不十分、不完全な教材であっても子どもたちとつくり上げる教材観が、子どもの追究する力が育つことに気づきます。

そして、教材だけでなく、長岡の発問にも着目します。

長岡先生の「発問」も、ポストの模型と同じように、どこかに「欠陥」というか、落とし穴のあるものばかりで、わたしは意表をつかれるばかりであった。「どうしてこんなとぼけた発問のしかたをするのだろうか」と思った。

この答えは、子どもたちの反応や活動が出してくれた。子どもたちは、必死で先生にくいさがり、抵抗した。その過程で、多面的な思考力や追究する力が育っていっている。

（有田和正『有田和正の授業力アップ入門―授業がうまくなる十二章―』明治図書、三四頁）

とし、長岡の授業づくりの特徴に気づきます。

この長岡の「とぼける」という行為は、教え子の方も述べています。

教え子の太田さんは、この実践の年にあたり、実際に授業を受けています。

この実践のことについて尋ねたのですが、残念ながらその記憶はなく、「いつも多くの人が後ろで見ていたのですが……」とは仰っていました。その上で、「おとぼけが上手」で、長岡は、自分達で調べてきたことをほめ、よく発表させ、説明を引き出すように、よくおとぼけをしていたとおっしゃっていました。

この実践は、長岡は生涯に渡って数回行っています。これから述べることとは、有田が見た時の実践についてではないようですが、長岡の「ポストの授業」についての考えが窺えます。

長岡は、この授業をつくるにあたって、次のように述べています。

わたくしが「本もののようなポストを作ろうじゃないか。どのグループも一つずつ作ってはどうだろう。」とよびかけると、子どもはおどりあがって賛成した。二年生であるかぎり、おどりあがらないのがふしぎなのである。

「本もののように」ということに、子どもは迫力を感じた。いいかげんな観察ではまにあわないぞという気になった。それでなくても、物を作るという段になると、こまかい点まで観察が必要になってくるものなのである。「そんなにポストばかり作らせても社会科にはなるまい。工作をやるなら別だが」という疑問をもつ人もあってよい。しかし、事物をたしかに見る。見ては、また見なおすというくりかえしの中に社会科のたいせつなねらいがあるのである。しかも、「どうしてここはこうなっているのだろう」「これは何の役をしているのだろう」というように考えるきっかけが、具体的にたくさん登場してくるのである。わたくしは、ポスト作りを中心にして、ゆうびんやさんの仕事を追究させ、ゆうびんという仕事にこめられている社会的な意味についても子どもが考えを深めていくようにとねがったのである。

（長岡文雄「低学年における指導上の問題点」『考える子ども』第四五号、二九頁）

とし、「ポストをつくる目標のおきかた、過程においてのあり方が社会科にしていく」と述べています。ポストづくりを通して、社会の事象を「見る、見直す」というねらいが社会科にしていくといえるでしょう。

また、長岡は、ねらいについても次のように述べています。

二年生で「ものをはこぶ人たち」の学習の一環として「ゆうびんのしごと」をとり上げ、学習のねらいを次のように掲げてみた。

① 一見さりげなく見えている人の働きや事物に意味を発見し、仕事に取り組む人の厳粛なものにふれていくようにさせたい。

② 子どもたちは、郵便に関する知識をふやすだろう。しかし、その知識は、いわゆる物知り的なものであってほしくない。郵便を出す人々のねがい、それを預って送り届けていく人々の具体的な働きに、こもるねがいをつかませていくことを中心にしたい。

③　それをつかまずにはおかないという情念、つかむ実践力をもりたて、個性的に磨き合わせたい。

④　共同での構成活動やゴッコ活動などによる学習を多くし、共同で創作していく喜びを体験させたい。

⑤　人間らしく生きることの実感をわがものにさせたい。

（長岡文雄『若い社会科の先生へ』黎明書房、一三四、一三五頁）

「物知り的な知識」ではなく、「こもるねがい」をつかませるために、実際に作成したポストを見せ合い、さらに、本当のポストの違いに着目させ、ポストの工夫について考えを深めさせます。そこには、次のような長岡のねらいがありました。

子どもたちがそとで獲得した認識は、単にポストの工夫という技術的なものではなかった。手紙を早く、正確に、安全に送って欲しい、届けて欲しいというわたしたちの願いを実現するために、郵便の仕事にたずさわってくれている人々は、どのような工夫、配慮をしているかというだけでなく、働く人々自身のねがいにまで彼らは着目していった。彼らはただポストの見直しに迫られただけでなく、そこで獲得した視点がポストを置く位置、郵便局の仕組みへと、対象を乗り越えて、「考える視点」を発展させ、さらに働く人自身のねがい、生きがいにまで視野を広げて考えていった。

（長岡文雄『若い社会科の先生へ』黎明書房、一三九頁）

その上で、考えが変容する条件として、

第一の条件は、子どもが問題に正対し、主体的に「考える」ことができることであり、そのことが可能な場が設定されていることである。

第二の条件は、作文を書かせたり、ポストを構成させたり、ごっこをさせたり、話し合わせたりして、ポストを何度も見直させた、その学習活動の集約である。

第三の条件は、「赤は目だつ色」という仮説を立て、すぐさま、いろいろな方法で吟味検証したことである。このことでの納得から、「心の投げ合い」が新しい感動を呼んだ。

第四の条件は、教師の教材に対する深いよみとり、これを可能にする深い人生観、世界観である。

そして、子どもを的確にとらえる鋭い目、場に応じ機に応じて適切な手だてができる技量である。

（長岡文雄『若い社会科の先生へ』黎明書房、一三九、一四〇頁）

と述べています。

私たちは、教材研究となると、完全なものをつくり、それをどのように、どうやって伝えようか、習得させようかとする気持ちが働きます。

しかし、大切なことは、子どもたちがお互いに学びに向かい、学びを分かち合うことです。少なくとも小学校教育では、そうした学びを分かち合うことが子どもたちの考える視点を増やすことや広げることに大きくつながります。長岡は、子ども自身が考える視点を広げるために、「論争を生む学習を求め、論争のたねをさがしていく」ような学習法を目指しました。

そして、子どもたちがいかに「自分のこと」として学べるかに長岡はこだわりました。当然、こうした授業はすぐできるわけではありません。時代も子どもたちの置かれている状況も異なります。しかし、長岡が求めていたような「心の投げ合い」を目指したいと思っています。

長岡に出会ってから、私は、子どもたちが白熱するためのたねを探すようになりました。

もちろん、すぐ見つかるわけではありません。

しかし、子どもたちと一緒にじっくりと見つけていこう。

そんな気持ちで取り組んでいます。

長岡のこうした子どもから始める学びはとても参考にしたいところです。

　教師は何でも知っている顔をするより、ボケて知らないふりをする方がよい。話しかけてくれば、それについてのたずね役にまわるがよい。「先生こうでした」「ほう、それはどうしてだろう」「そうか、そういうわけか、なるほど、それで」というように児童に話させることによって、児童は、自分の考えのつじつまがあわないことや、観察のたりなさなどに自分で気がついていく。教師側から指摘しなくても、彼自身に不明を証明し出させるのである。

教師の姿勢は、「先生も本当のことが知りたいのでな」という気持が児童に感じられるものでありたい。教師が自己の力をオールマイに見せかけるより、あくまで微力を知り、求道者であろうとする方がいいのである。教師は、よい聞きて、つっかけ役、新しい意気ごみの作り役にまわりたい。そうすればどの児童もが気楽に教師に話しかける。

（長岡文雄「ひとりひとりに自分の考えを築かせる方法」『学習研究』一六〇号）

私たちは、教科書に載っている「教えなくてはいけないもの」にどうしてもとらわれてしまいます。このことは、仕方がないことであり、大切なことでもあります。しかし、そこで止まってはいけない。そこから、子どもたちがどのように社会とつながり、社会に対して「ねがい」を見つけようとするかを考えなくてはいけません。

もちろん、若い先生やはじめて先生になる人にとっては難しいことです。そこで、長岡のように、子どもに尋ねていくことから始めていくことをおすすめします。

しっかり知って教えよう、何とかしようと力を入れすぎるとうまくいきません。

「なるほど、それで」

「それはどうしてだろうね」

と子どもと一緒に考える。

「先生もよく分からないなあ」

とたまには弱さも見せながら、「求道者であろう」とする姿を見せることで、子どもたちは、自分の力で学びに向かおうとするでしょう。それが授業で子どもの力を育てることであり、教師が子どもを通して育っていくことであると考えています。

column 長岡実践研究をこの時代に活かすために②

子どもと愉しむ教師になりたい

「楽しむ」を「愉しむ」という言葉で文章を綴る時があります。ある雑誌でも，「教師の愉しみ」というテーマで実践をまとめたこともありました。

愉しむ（たのしむ）とは，喜び，という意味を持つそうです。心から喜びをもつことや，豊かな心の状態や満足感，美的なものに触れ合った時の経験も意味するようです。

授業づくりをはじめ，学校教育に置き換えてみると，「楽しむ」はどちらかと言えば，すでに決められたものや与えられたものをエンジョイするというニュアンスなのに対して，「愉しむ」は仲間と学び合い，その面白さを満足する印象を受けます。

「ああ，今日の授業面白かったよ，先生！」
という発言には，ゲーム的な「楽しさ」を味わっている時もあれば，対話的に話し合うことを通して学びを深めた「愉しさ」もあるでしょう。

「楽しむ」と「愉しむ」

どちらが優れているかを述べているのではありません。私は，どちらも大切だと考えています。むしろ，そうした「楽しむ」と「愉しむ」ことを，私たち教師自身はできているのかと問う必要があると考えています。

今回，長岡文雄のお子さんの方に写真を多くいただきました。

その写真には，長岡が本当に子どもたちと楽しんでいる（愉しんでいる）様子を見ることができます。

印象に残っているのが，子どもたちの発言を聞く長岡の表情です。

まさに，子どもたちの学びに喜びと満足感をもっているように見えます。

写真を見ていると，子どもたちの作文，子どもたちの発言，子どもたちとのおしゃべり，子どもたちとの活動，遊びなど，子どもたちの言動に対して，「もっと愉しみましょう」と長岡に言われているような気になります。

自戒を込めて，愉しむ（楽しむ）ための心のゆとりも大切に。

そして，愉しむ（楽しむ）教師を子ども達は求めていると思っています。

第六章　子どもたちの心に火をつけるために

長岡文雄の実践から学べる九つの視点

今までの章を通して、長岡の実践や考えから私たちがこれからの学級経営や授業づくりに生かしたい点をまとめてみたいと思います。

一、子どもに驚き、子どもに学ぶ楽しさを大切にする

「教師になる」ことは、子どもに驚くことであり、子どもに学ぶことであろう。

（長岡文雄『子どもをとらえる構え』黎明書房、一二頁）

これから先生になりたい方やはじめて担任を持つ方には、ぜひ、子どもに学ぶという姿勢を大切にしてほしいと思います。なぜなら、子どもに驚き、子どもに学ぶことは、本当に楽しいことだからです。

コロナ禍の時、オンラインや遠隔で学習をすることがありました。そうした中で、子どもたちと関わること、子どもたちの成長を見ることの大切さ、ありがたさを痛感しました。

私たちは、混迷で混沌とした学校教育の現場の中で、子どもたちから学び、そのことを喜びとする教師をめざすことが大切であると考えます。

二、何よりも、「子どもたちをさぐる」

私たちは、「子どもたちのために」と思い、教師になりました。

その思いは今でも持ち続けていると思います。

しかし、

「あれもしなくてはいけない」

「これを教えなくては」

と思い、段々と子どもたちが見えなくなってきているように感じます。

もちろん、子どもたちのためだからこそ、教えなくてはいけないこと、やらなくてはいけないことはたくさんあります。

ただ、それが前面に出てしまうと、子どもが見えなくなり、子どもたちは苦しくなります。

子どもをさぐること。

言葉には見えないニーズも得ること。

そうしたことが大切だと考えています。

三、子どもたちの良さを見つける

長岡が取り組んだ、子ども探求の方法や子どものカルテのことを第四章で紹介しましたが、大切なことは、どのようにカルテを記述しても構わないということです。

子どもの様子をどんなものでも良いので、どんどん記述していくということです。

ぜひ、若い先生は、子どもたちの良さをたくさん見つけていきましょう。そうすることで、子どもたちの新しい一面を知ることができ、関係性も豊かなものになるでしょう。

ただし、無理はしないことです。

自分のできる範囲で、粘り強く、子どもたちの良いところを見つけるようにしていきましょう。

そうすると新たな気づきに出会います。

また、よくないこと、人を傷つけるようなことは、はっきり毅然と対応することも大切です。松森さんが温厚な長岡が叱ったことを今でも覚えているように、真剣に子どもを思うが故に愛情を持って叱ることも大切なことです。

四、気づかない子を自分の中で見出す

「意識していない子」を自分の中で見出すという、教師としての見方を探っていくことが大切だと考えています。

学級担任の仕事は、目に入ること、目立つこと、そうしたものに意識が向きがちです。しかし、クラスの中で、目立たないけど一生懸命頑張っている子に目を向けていこうとする長岡の姿勢から、「一人ひとり」を大切にすることにつながると思います。

一人ひとりとつながるということのヒントを長岡の実践から学ぶことができます。それこそが、「個別最適化」時代の授業づくり、学級づくりではないかと思います。

五、子どもたちと一緒に授業をつくっていく

私たちは、完全な教材を完全な準備をして授業に臨もうとします。若い先生は、その意識が高いかもしれません。

しかし、子どもと一緒に授業につくっていくというスタンス、もっと言えば、教材を子どもたちと一緒につくっていくというスタンスを持つこともこれからの学校教育にはとても適切な取り組みなのではないかと思います。それは、まさに、「協働的な学び」ではないかと考えています。

そして、クラスで子どもたちと一緒にたくさん笑うこと。

これがとても大切なことだと考えています。

一緒にたくさん笑って過ごす時間を増やしていきたいものです。

六、とぼけて、誘って、子どもの心に火をつけよう

子どもたちが教師のねらいとは違った行動をすることがあります。

そんな時でも、子どもたちは何らかの考えがあって行動しています。

長岡は、それを「研究している」という言葉でよく表していました。

そして、そうした子どもたちに「研究しているな」とよく声をかけました。

私は、こうした長岡の声かけは、学びへと誘う言葉がけだと考えています。

こうした学びへの誘いや授業中の「とぼけ」は子どもたちの心に火をつけます。

また、長岡先生の音声を聞いたことがあります。声の抑揚や大きさ、高低なども丁度よい感覚を受けます。聞き取りやすいと感じていた教え子の方も多くいらっしゃったようです。

ぜひ、子どもたちの予想外の動きを止めるだけではなく、ちょっとした学びへの誘いをする言葉やその発し方を考えて取り組みましょう。

七、子どものの書いたものを大切にする

「近ごろ変わったこと」のみならず、子どもたちが書いたものを楽しむ姿勢と余裕が今の教師には特に必要ではないかと考えています。

もちろん、作文で得た子どもたちの〈この子〉を学級経営に位置付けたり、長く見続けたりするなど、書いたことを授業や学級づくりに活かしていくことは長岡も取り組んできたことです。

しかし、まずは子どもたちの成長を味わうことが大切だと言えるでしょう。できる範囲内でコツと取り組みたいものです。

八、自分なりの実践を大切にする

長岡は奈良女子大学附属小学校を退職後、兵庫教育大学の附属小学校の開設に関わりました。共に着任した教諭は、次のように長岡に言われたといいます。

附属に来た限りは、この子がどんなふうに考えたり感じたり、行動したりするのかしっかり見つめて、これからの新しい教育を考えていきなさい。あなた流の。

（長岡文雄「私の歩んだ道（15）―兵庫教育大学創設に励む時代―」『考える子ども』二〇四号）

この言葉は、これからの教師へのメッセージでもあると思っています。

ICTが学校教育の中心となり、今後はAIもどんどん入ってくるでしょう。「叱らない」「支援」「学習者主体」などといった言葉の書籍が書店にたくさん置かれています。しかし、学習者主体とは何か。その本質は見えず、形式的なものも少なくないのではないか。そのように危惧しています。

学習者主体の答えは、子どもたちの中にあるのではないか。

そのように長岡は述べているように思えます。

子どもたちが何を考え、何をしたいのか。

そのことをじっくり考えていくことが大切です。

同時に、先生が持つ「こだわり」も大切です。インタビューの中で太田さんが長岡に漢字の「とめる、はねる」をよく指導され、書き順はとても言われたとおっしゃっていたのが、印象に残っています。教師として、担任として、等身大の自分で子どもたちのために「こだわり」を持って接することは大切なことです。

子どもたち一人ひとりをさぐりながら、その想いを大切にし、じっくりゆっくりと、「あなた流の」実践をしていきませんか。

九、失敗を恐れない

「若い」ということは、一心に取り組めるし、失敗を許されるということでもある。きずつくことをおそれず、誠実に問題と取り組みたい。同僚からも指導者からも、遠慮なく助言を受けられるようにしたい。教師が人間として立派に生きていれば、子どもたちも、教師に対して、素直になり、「先生、わかりません」「先生、きょうのはおもしろかった」「先生、もっとこうするとよくわかると思うけど」というように反応して助言してくれる。子どものこのような助言をていねいに聞きながら、自らを磨いていくようにしよう。

（長岡文雄『若い社会科の先生へ』黎明書房、一七八頁）

長岡の青春時代を見てみると、良き師との出会いはその後の人生に大きな影響を与えていることに気づきます。それは、実際に教えを受けるだけではなく、書籍での出会いも含まれます。若い先生にはぜひ、自分の師となる存在に出会えることを期待します。そして、その師の中には、教室で出会う子どもたちも含まれていることを忘れてはいけません。そして、子どもと体当たりで向き合うぐらいのつもりで楽しんで欲しいと思います。長岡もたくさん失敗したからこそ、子どもたちの心に火をつける実践者になったのだと言えます。

教師受難の時代です。教員採用試験は、特に小学校の倍率が低く、教育委員会は必死に募集をしています。教師に対する社会の風当たりが厳しいのも事実です。

そうした中で、本書を通して、

「担任の仕事って素敵だな」

「子どもと関わるって楽しいな」

「小学校の教育っていいな」

と思って頂き、子どもたちの心の灯火となれば幸いです。

生き方に迫るために

長岡実践の中核は、子どもたちが自分達の生き方に迫ることだと考えています。

なぜ、人の生き方に長岡はこだわったのでしょうか。

それは、長岡自身の生き方や平和への想いが込められていると言えます。

長岡文雄は、一九一七年（大正六年）福岡県に生まれました。関東大震災の翌年の一九二四年

（大正十三年）には福岡県八女郡光友小学校に通うようになります。師範学校を卒業後、一九三七年（昭和十二年）に十九歳で長岡は教員になりました。

その後、小倉の師範学校の附属校に呼ばれた長岡は、兵隊検査を受けることになります。しかし、鼓膜損傷で入隊免除となってしまいます。戦後しばらく経った後、授業で子どもたちが私語をしてやかましくなったとき、耳を押さえてしばらく話さなかったことがありました。片方の耳が良くないというのは、きっと鼓膜損傷のことだろうと思われます。また、役所の不備もあったようで、兵籍には乗らず、長岡自身は内心、出征兵士に申し訳ない気持ちだったと述べています。

初等科五年男組を担任中、昭和十六（一九四一）年十二月八日に、太平洋戦争宣戦詔勅を児童とラジオで聞いた。私は、「無謀だ」「勝ち目などない」と思った。頭の中には、大波にもまれる小舟日本がよぎった。しかし、これを口には出さなかった。

（長岡文雄「私の歩んだ道（4）―小倉師範附属訓導時代―」『考える子ども』一九三号）

そんな戦時下の中で、長岡の宿願だった中等教員検定試験（文検）習字に合格します。今の教員免許制度と違い、府県で予備試験、東京で本試験を行う厳しい試験です。長岡は、師範卒業の年から受けていたがなかなか受かりませんでした。その中での合格、長岡は、昭和十七（一九四二）年度の最年少合格者、二十四歳でした。

文検に受かったことで、様々な動きが長岡に生まれてくることになります。近くの女学校で教員を募集している書家の師である石橋犀水先生に東京に来ないかと誘いを受けます。ているからということでした。

しかし、当時は、師範学校の給費生は、二十八歳まで小学校教師を続けないといけない義務があり、場合によっては徴兵検査のやり直しもあることを知り、上京を見送ることになります。

そこで話が来たのが、奈良女高師附小の訓導にならないかという誘いでした。小倉の学校長たちが東京高師や東京文理大学の学生時代から奈良女の主事（校長）武田一郎と親交があったようです。

私は、早速、東京の石橋先生に相談した。すると、「高等師範だからいいじゃないか。東京にも近くなる。途中下車のつもりで出たら。奈良は古文化の都、筆墨の中心だから勉強になる」とのことであった。私の決心はついた。

（長岡文雄「私の歩んだ道（5）—奈良女高師訓導、敗戦の時代—」『考える子ども』一九四号）

奈良女高師附小の玄関に着くと、童顔の年配の先生が最初に出迎えてくれました。その先生こそ、清水甚吾訓導でした。清水は、明治末の学校創立当時から務め、当時は首席訓導であり、木下竹次のもとで、奈良の学習法、合科学習を最初に始めた教員です。木下の右腕のような存在でした。全国に「清水の、生活算術、合科学習、学級経営」として有名な教員でした。

写真 6-1 若い頃の長岡文雄とその家族（長岡二朗氏提供）

ただし、その頃、長岡は、この学校が大正自由教育のメッカであることも、木下や清水の業績も知らなかったと述べています。教案（指導案）の形式はどうなっているかと武田主事に聞いても、形式はない、自分のやろうとすることが一番よくわかれば良いと言われ、度肝を抜かれます。

自由が許されない、戦争の時代。

奈良女附小は、当局ににらまれていました。

しかし、木下が退職した後も、明治、大正を生き抜き、自由教育を進めた先生たちによって、戦争に協力する教育であっても、学習者の主体的な追究、創造を中心にすえました。

そんな昭和十九年に、長岡は妻となる久子と結婚をします。久子は、奈良女高師附幼稚園で働いていました。結婚会場は、奈良ホテル。農家で鶏を一羽分けてもらって、式を挙げます。戦前の奈良ホテル最後の式だったと言われています。

久子は、幼児教育に詳しく、さらに女学生時代に木下が主事をした女学校で学び、親しく指導を受けていました。さらには、住居が木下の隣近所だったため、家族にも親しくさせてもらいながら、奈良女高師の保母科を卒業しました。

松森さんは、生前、長岡から

「妻にまず原稿を見てもらう」

といったことを直接聞くことがあったと教えてくれました。

長岡自身も幼児教育に通じている妻久子の存在は教育を研究する上で影響を受け、二人で教育のあり方を語ることが多くなったとのちに語っています。こうした久子の影響もあって、ますます奈良の学習法や木下へのあこがれ、教育への情熱が戦下の中で高まっていきました。

こうした、戦争や自由が抑圧された時代の中で、どのように子どもたちのために生きるか、という思いが実践にも反映されていると私は考えています。

長岡文雄実践を深めたい方へ

長岡の実践は、有田和正など現場の教員にも大きな影響を与え、上田薫をはじめ、多くの研究者とも交流を持ち、戦後の社会科実践論文でも多く取り上げられます。黎明書房で発刊した『考えあう授業』『子どもをとらえる構え』『子どもの力を育てる筋道』は長岡実践の代表的な三部作と呼ばれていますが、古書で高価な値段が付き、尚且つ絶版でなかなか手に入りません。国立国会図書館のデジタルコレクションの閲覧や黎明書房による電子書籍化を期待しています。

長岡文雄の考えをすぐに知りたい、著作物を読みたい方は、

・長岡文雄（一九八六）「教育実践者の児童理解」教育方法学研究
・長岡文雄が講演し、斉藤百合子さんが講演記録をまとめた「教科における子どもの見方・とらえ方を問い直す」（一九九八）学校音楽教育研究

をJ-stageで読むことができました。検索すればすぐ見つけることができます。

先行研究として、

・萩野俊明（二〇〇〇）「長岡文雄氏の社会科実践における学習指導活動の解明：ドナルド・ショーンの『反省的実践家』の概念を手がかりに」社会系教科教育学研究
・奥村好美（二〇一一）「有田和正の授業観の転換についての一考察：切実性論争に着目して」教育方法の探究
・藤澤國治（一九九八）「長岡文雄氏の社会科教育実践史研究：問題解決学習の理論構築過程の解明」社会系教科教育研究
・小林隆（二〇一六）『社会科の初志をつらぬく会』実践における協同的な知識構築過程の解明―長岡文雄「寄り合い」を事例として―」社会系教科教育学研究
・漆畑俊晴（二〇二一）「授業における教師の実践的知識の形成過程：長岡文雄『おかあさんのしごと』の授業実践記録の分析を通して」社会科教育研究

などがありますので、検索などすれば読むことができます。とくに、漆畑俊晴さんは長岡文雄を研究する若き研究者です。これからのご活躍に期待しています。

また、二〇二三年七月三日（月）、長岡文雄のご息女である横山ひろみさんから、長岡の資料が、兵庫教育大学の教材文化資料館に寄贈されました。寄贈されたのは、長岡の学習指導案や授業のアイデア等を記した直筆の資料、児童の作文や日誌、授業写真や授業の音源等で、教材文化資料館において関係資料のデジタルアーカイブ化に向けた基金を募集しています。

兵庫教育大学教材文化資料館収蔵資料のデジタルアーカイブ・プロジェクト

https://www.hyogo-u.ac.jp/kikin/digital.php（二〇二四年一月閲覧）

おわりに

「推し活」という言葉があります。廣瀬（二〇二三）によれば、「推し」とは「ほかの人にすすめること。また俗に、人にすすめたいほど気に入っている人や物」であり、「推し活」とは、その行為であると言えます。二〇二一年の「ユーキャン新語・流行語大賞」にノミネートされた「推し活」という言葉は広く一般的に使われるようになりました。

私にとって、「長岡文雄」は、失礼かもしれませんが、研究対象を超えた「推し活」のような存在です。以前、日本教育方法学会のシンポジウムに呼ばれたことがありました。その席で、「なぜ長岡実践を追究しているか」と問われた時、うまく答えることができなかったのですが、それは、私にとっての「推し活」であるのではと考えるようになりました。長岡実践をすることによって、私の実践を振り返ることができ、教師としての生きがいにもつながっているのだと思います。

ただし、長岡研究といっても、私の研究は、研究者がするようなものではありません。長岡の言葉や実践を一旦咀嚼して、自分の教室に投影しながら研究を進めています。そのため、研究者の方にとっては、少し物足りなさを感じるところはあるかもしれません。しかし、「長岡だったらどんな言葉がけをするのだろうか」と考えながら取り組むことで、常に長岡との対話をしているような気持ちになることがあります。その意味で、私のクラスの子どもたちが韓国のグループやアイドルについて楽しそうに語るのを聞く時、その気持ちは少なからず分かる気がします。

そんな私が長岡文雄を多くの皆さんに「推す」ことができるようになったのは意外かもしれませんが、最近のことです。

大学生の頃、長岡の書籍を初めて読み、強く感動したのを今でも覚えています。そこには、子どもを理解するための「具体」がしっかりと書かれていたのです。他の書籍や研究書に「一人ひとりを大切にせよ」と書かれていても、抽象的で正直、誰でも言えるものという印象が当時の大学一年生だった私の偽らざる思いでした。しかし、長岡の言葉は実践を通じて、「一人ひとりを大切にする」ということの意味が心の中に入ってくるようでした。

ただ、そこから長岡の「推し活」をするには、多くの時間を要することになりました。

大学を出て、すぐ小学校教員になりました。横浜市で二年生の担任でした。多忙な日々で、一学期はまるでうまくいかず、体調を崩し、体重も大幅に落としました。そうした中で、さまざまな書籍を読み、手当たり次第で夢中で実践をしていた記憶があります。長岡のことは、心の片隅にありつつ、なかなかそこに辿り着くことがありませんでした。しかし、奈良女子大学附属小学校におられた小幡肇先生の実践を参考にした生活科の取り組みが、民間団体の新人賞を取ることになり、再び、奈良女子大学附属小学校や長岡文雄の実践に関心を持つようになりました。

ただし、二十代の頃は、長岡文雄の書籍が高額でなかなか手を出せない。そんな日々が続きました。多くのお金を払い、古書『授業をみがく―腰の強い授業を―』（黎明書房）を幸運にも手にすることはできましたが、その他の本はなかなか読むこともできませんでした。

　転機となったのは、それからのことです。黎明書房様で書籍を出させて頂く機会を得ました。黎明書房で長岡文雄の書籍を出していることは事前に知っており、この出版社で教師の働き方についての本を出したいと思い、企画したところ、採用して頂いたことがきっかけです。そこで、何度かやりとりをし、出版社に伺った時に、武馬久仁裕社長から譲り受けたのが、長岡文雄の『若い社会科の先生に』（黎明書房）でした。この書籍のリメイクをぜひ書いてほしいと言われたことが私の大きな宿題になりました。そんな中、Facebookで偶然出会った、現在、岡山大学の伊住継行先生から長岡文雄の最後の書籍となる『私の歩む道』（非売品）を譲り受けたことが前作の『長岡文雄と授業づくり』（黎明書房）を出版する機会につながりました。ここから、長岡文雄の「推し活」が始まったと言えます。なお、この間にもさまざまな方から資料の提供を受けることができました。

　本書は、長岡の教え子の方、関係者の方のご協力がなければなし得ませんでした。前書『長岡文雄と授業づくり』の執筆を通して関わりができた、息子さんの長岡二朗さんの出会いから執筆がスタートしました。二朗さんの知り合いである松森重博さんに会いにいき、そこから、太田順さん、武田昭彦さんを紹介していただきました。そして、太田さんから谷口雅浩さんにつながり、さらに様々な方へと広がりました。さらには、松森さんから長岡の娘さんである横山ひろみさんを紹介していただき、連絡を取り合うことができるようになりました。そこで、本書でも使用した多くの貴重な写真を頂くことができました。

さらには、亡くなった祖父の書斎を整理している時に、祖父と関係が深かった尾石先生の本を偶然見つけました。そして、尾石先生が「奈良女附属小」で働かれていたことを知り、すぐ連絡を取り、会いにいきました。そこで、元同僚としての長岡のお話やお酒を飲む席で九州の歌を歌っていたというエピソードも聞くことができました。

様々なつながりや縁がなければ成しえなかったと思います。

今回、長岡文雄の『子どもをとらえる構え』『子どもの力を育てる筋道』（黎明書房）を中心に執筆しましたが、教え子の方のインタビューを本書に取り入れようと思いました。そのきっかけとなったのは、若い頃、興味深く読んだ山本美芽の『りんごは赤じゃない―正しいプライドの育て方―』（新潮社）との出会いや友人の安野雄一先生が取り組んでおられる、被曝者の方への聞き取りに感銘を受けたことです。そして、学校現場の一番の声は学習者である子どもたちであり、子どもたちの評価こそ、実践者の姿であると考えたからです。実際のところ、どれだけ素晴らしい実践事例を紹介していても、多くの書籍には、そうした子どもたちの声はあまり出てきません。しかし、教え子の方の「声」を入れることで、長岡文雄の教室が少しでも鮮やかに映し出すことができればと思いました。

私自身、優れた教師ではありません。社会科や学級づくりでも大した実践が残せず、忸怩たる思いになることもあります。

しかしながら、
今、学校現場で働いている方。

担任を持っている方。

子どもたちと向き合い、授業づくりに取り組んでいる方。

教育に関わるすべての皆様。

子どもたちと関わる仕事は、本当に素敵なものだということが本書を通して伝われば、これほど嬉しいことはありません。

そして、多様な子どもたちの心に「学びたい」と心の火をつけることができるのは、私たち教師であるということに自信を持ってほしいと思っています。

子どもたちと過ごす日々に喜びに感じ、子どもたちと楽しく学び合っていきましょう。長岡文雄のようになれなくても良いのです。じっくり、ゆっくり、自分流の教育をしていけばよいと思います。もちろん、主語は、「子ども」であり、子どもたちの良さを見つけていきたい。そのように考えています。

それにしても、亡くなってもなお、何十年も前に担任を持った教え子の方に慕われ続ける長岡文雄は、同じ仕事をしているものとしては羨ましさと驚きを感じます。長岡が奈良女子大学附属小学校を退官する際、そのことを記念する講演会がありました。校長だった重松鷹泰が駆けつけ、「長岡さんの作品は今日来られた皆さん方（教え子やその関係者）ですよ」とおっしゃっていたと松森さんが教えてくださいました。まさに、一人ひとりを大切にした彼らしいエピソードだと言えます。

最後になりましたが、関係者の皆さんに改めて心からお礼申し上げます。また、執筆の時間をとらせてくれた妻と子どもたち、黎明書房の武馬久仁裕社長と編集部の伊藤大真さんには大変感謝しています。

なお、私の「推し活」はまだまだ続きそうです。新しいテーマで執筆や研究を続けたいと思っています。また、どこかで読者の皆さんとお会いできるのを楽しみにしています。

最後までお読み頂き、ありがとうございました。

二〇二四年十二月

長瀬拓也

謝辞
資料提供並びにインタビューに答えて頂き、誠にありがとうございました。
長岡二朗、横山ひろみ、松森重博、坂本友希子、山下秋子、太田順、谷口雅浩、畠山能子、武田昭彦、尾石忠正、服部真也、漆畑俊晴、関係各位（敬称略）

インタビュー記録・敬称略（実施場所）

・二〇二三年十二月二六日松森重博（器まつもり事務所）
・二〇二四年二月十日松森重博、坂本友希子、太田順、武田昭彦（貸し会議室 BONCHI）
・二〇二四年三月十六日谷口雅浩（フレッシュネスバーガービエラ山科）
・二〇二四年三月二十四日尾石忠正（尾石忠正氏自宅）

引用・参考文献

・長岡文雄（一九七五）『子どもをとらえる構え』黎明書房
・長岡文雄（一九七七）『子どもの力を育てる筋道』黎明書房
・長岡文雄（一九八三）『〈この子〉の拓く学習法』黎明書房
・長岡文雄（一九八三）『ハンディー版　若い社会科の先生に』黎明書房
・長岡文雄（一九八四）『学習法の源流　木下竹次の学校経営』黎明書房
・長岡文雄（一九六三）「低学年社会科のいのち」『考える子ども』二八号
・長岡文雄（一九六六）「低学年における指導上の問題点」『考える子ども』四五号
・長岡文雄（一九八三）「子どもにとって楽しい学級とは」『学習指導研修9月』教育開発研究所
・長岡文雄（一九六七）「社会科の学習形態（二）ごっこ活動（上）」『考える子ども』五一号
・長岡文雄（一九六二）「ひとりひとりに自分の考えを築かせる方法」『学習研究』一六〇号
・長岡文雄（一九九〇）「私の歩んだ道（1）—福岡県八女郡光友小学校児童時代—」『考える子ども』

一九〇号
・長岡文雄（一九九〇）「私の歩んだ道（2）―小倉師範学校生徒時代―」『考える子ども』一九一号
・長岡文雄（一九九〇）「私の歩んだ道（3）―僻地に生きた教職第一歩―」『考える子ども』一九二号
・長岡文雄（一九九〇）「私の歩んだ道（4）―小倉師範附属訓導時代―」『考える子ども』一九三号
・長岡文雄（一九九〇）「私の歩んだ道（5）―奈良女高師訓導、敗戦の時代―」『考える子ども』一九四号
・長岡文雄（一九九一）「私の歩んだ道（6）―民主主義教育出発の時代―」『考える子ども』一九五号
・長岡文雄（一九九一）「私の歩んだ道（7）―「奈良プラン」創成時代―」『考える子ども』一九六号
・長岡文雄（一九九二）「私の歩んだ道（15）―兵庫教育大学創設に励む時代―」『考える子ども』二〇四号
・漆畑俊晴（二〇一五）『子どもからの学びによる教師の実践的知識の形成過程―長岡文雄の授業実践記録の分析を通して―』東北大学大学院教育学研究科修士論文
・奈良女高師附属小学校学習研究会編（一九四九）『たしかな教育の方法』秀英出版
・上田薫・静岡市立安東小学校（一九七〇）『ひとりひとりを生かす授業―カルテと座席表』明治図書
・奈良女子大附小学習研究会（一九七五）『学習法の体得』明治図書
・有田和正（二〇〇五）『有田和正の授業力アップ入門―授業がうまくなる十二章―』明治図書
・苅宿俊文・佐伯胖・高木光太郎編（二〇一二）『ワークショップと学び　1まなびを学ぶ』東京大学出版会

引用・参考文献

・西城卓也（二〇一二）「行動主義から構成主義」『医学教育』第四三巻・第四号、日本医学教育学会
・奈須正裕（二〇一七）『「資質・能力」と学びのメカニズム』東洋館出版
・横山ひろみ（二〇一二）「奈良女子高等師範学校附属小学校の創世期教育とその歩み（２）」神戸親和女子大学教育研究センター紀要第八号
・河合塾「ドルトンプランについて」https://www.dalton-school.ed.jp（二〇二三年十一月二十四日閲覧）
・西澤潤一（一九九六）『教育の目的再考』岩波書店
・廣瀬涼（二〇二三）『「推し活」を知る今どき推し活事情』『国民生活七月号』国民生活センター
・https://www.kokusen.go.jp/wko/pdf/wko-202307_01.pdf（二〇二四年九月八日閲覧）
・村井淳志（一九九六）『学力から意味へ：安井・本多・久津見・鈴木各教室の元生徒の聞き取りから』草土文化
・深谷圭助（二〇一一）『近代日本における自学主義教育の研究』三省堂
・長瀬拓也（二〇二二）『長岡文雄と授業づくり―子どもから学び続けるために―』（黎明書房）
・佐久間亜紀（二〇二四）『教員不足―誰が子どもを支えるのか』（岩波書店）

※『考える子ども』は社会科の初志をつらぬく会の会誌である。社会科の初志をつらぬく会は、昭和三三年（一九五八年）に発足した民間教育研究団体であり、長岡文雄も所属していた。
※『学習研究』は、奈良女子大学附属小学校により大正十一年に創刊された教育誌であり、長岡文雄はそこで多くの執筆を行っている。

●著者紹介

長瀬拓也

1981 年岐阜県生まれ。佛教大学教育学部卒業，岐阜大学大学院教育学研究科修了（教育学修士）。大学卒業後，横浜市立小学校，岐阜県公立中学校，小学校の教員として勤め，現在は同志社小学校教諭。高校生の時，中学校教員だった父親が白血病で他界し，教師になることを決意する。初任者の時，一般財団法人日本児童教育振興財団主催「第 40 回わたしの教育記録採用・新人賞」（2004）を受賞。社会科教育を専門としながら，学級経営や生徒指導についての著作も多く，京都女子大学で非常勤講師「生徒指導論」も務めた。主な著書に，『教師のための時間術』（単著，黎明書房），『ゼロから学べる学級経営―若い教師のためのクラスづくり入門』，『ゼロから学べる授業づくり―若い教師のための授業デザイン入門―』（単著，明治図書），『ここから始める「憲法学習」の授業児童生徒の深く豊かな学びのために』（編著，ミネルヴァ書房），『実践・事例から学ぶ生徒指導』（編著，トール出版），『社会科でまちを育てる』（単著，東洋館出版）他多数。2022 年 12 月に，『長岡文雄と授業づくり―子どもから学び続けるために―』（単著，黎明書房）を執筆。

学級《がっきゅう》づくりと子《こ》ども理解《りかい》
―名教師《めいきょうし》，長岡文雄《ながおかふみお》の教育実践《きょういくじっせん》に学《まな》ぶ

2025年1月25日　初版発行

著　者　長《なが》　瀬《せ》　拓《たく》　也《や》
発行者　武　馬　久　仁　裕
印　刷　藤原印刷株式会社
製　本　協栄製本工業株式会社

発 行 所　株式会社　黎《れい》　明《めい》　書《しょ》　房《ぼう》

〒460-0002　名古屋市中区丸の内3-6-27　EBS ビル
☎ 052-962-3045　FAX052-951-9065　振替・00880-1-59001
〒101-0047　東京連絡所・千代田区内神田1-12-12　美土代ビル 6 階
☎ 03-3268-3470

落丁・乱丁本はお取替します。　ISBN978-4-654-02406-3